다 윗 처 럼

하나님은 온 땅의 왕이심이라 지혜의 시로 찬송할지어다

시편 47:7

❈ 추천의 글

영적 가뭄 속 단비, 평신도가 전하는 다윗의 숨결

　시편은 다윗을 비롯한 여러 저자들이 쓴 글이며, 총 다섯 권의 책이 한 권의 시편을 이루고 있습니다. 그런데 이 책은 다윗의 시편만을 다루고 있습니다. 이유가 무엇일까요? 평소에도 성경 인물 가운데 다윗을 가장 좋아한다고 고백하던 저자의 마음과 생각이 담겨있기 때문입니다. 그래서일까요? 저자의 글은 성경과 삶의 현장을 자연스럽게 연결해 줍니다. 마치 다윗의 삶에 깊숙이 들어간 듯, 다윗의 고백이 들리며 숨소리가 들립니다. 그의 눈물이 느껴지고, 그의 탄식과 부르짖음이 들립니다.

　현대를 살아가는 우리가 어떻게 살아가야 할지, 글을 읽으며 알게 됩니다. 저자의 묵상은 짧지만, 깊이가 있고, 명료하지만 따뜻함이 있습니다. 다양한 성경 번역본으로 이해를 돕는 점도 좋았으며, 말씀으로 나의 삶을 돌아보고 마치는 기도에는 힘이 느껴졌습니다. 이 책은 현대를 살아가는 우리를 한 걸음, 한 걸음 믿음으로 나아가게 합니다. 목회자가 쓴 흔한 묵상집이 아닌, 말씀을 사모하는 평신도가 쓴 묵상집이기에 더욱 놀랍고 귀합니다. 영적 가뭄과도 같은 이 시대에, 단비와도 같은 책이라 생각합니다.

많은 독자가 이 책을 읽으며 다윗의 삶을 공감하고 은혜를 누렸으면 좋겠습니다. 저는 이 책을 다윗의 삶을 통하여, 믿음의 성장을 이루어 나가기를 원하는 분들에게 추천합니다.

이건표_수지선민교회 담임목사

하나님의 프러포즈 : 다윗처럼, 나와 함께 걸으렴?

    시편은 하나님께서 다윗의 삶과 고백을 통하여 우리에게 주신 150편의 아름다운 노래요, 기도요, 시이자 하나님의 말씀이다. 다윗은 하나님으로 인해 감격하는 순간에도, 주변의 나쁜 이들로 인해 관계와 건강과 삶이 망가지는 시간들 속에서도, 민족이 아픔을 겪을 때도 그의 모든 삶의 순간들에 하나님을 기억하고 있다. 이 시편들은 오늘도 이 책을 통해 우리에게 "너의 삶의 모든 순간 속에 내가 함께 하길 원한단다.
나와 함께 걸으렴? (Shall we walk together?)"이라고 프러포즈하신다. 저자는 이 프러포즈에 "다윗처럼" 시편을 묵상하며 인생의 시편을 다시 쓰며 하나님을 묵상하고, 삶의 순간순간에 함께한 주님을 기억하여 기록한다.

    다윗은 하나님을 간절히 찾고 부르짖고 탄식했던 모든 순간과 하나님께서 다윗을 만나 주시고 개입하셨던 모든 순간들을 글로, 시로, 음악으로 남겼습니다. 만약, 이 모든 순간들을 글로 남겨두지 않았다면 어땠을까요?....
하나님께서 나를 찾아와 주신 그때를 기억하고 계신가요?.....
이제 다윗의 하나님이 나의 하나님이 될 차례입니다. 〈시편145편 묵상 중〉

    .... 음악으로, 글로, 온몸으로, 마음으로 하나님을 깊이 사랑했던 다윗, 그런 다윗을 하나님께서 어찌 사랑하지 않으실 수 있으실까요? 〈에필로그 중〉

이 책의 저자는 시편과 자신의 묵상과 기도를 통해 이제는 우리가 만난 하나님과 기억들이 기도와 노래로, 때로는 고통 속에 있다면 탄원의 요청으로, 기쁨의 찬양으로 함께 하나님을 기억하도록 초대한다.

"다윗처럼" 우리도 하나님께서 어찌 사랑하지 않으실 수 있을지요! 의 감탄이 터져나오도록 이 책을 통하여 하나님과의 순간순간들이 기억되고, 그 기억이 묵상과 기도가 되고, 노래가 되고, 춤이 되고, 예배가 되고 삶이 되기를 바란다.

이성혜_백석대학원 구약학 교수

프롤로그

눈물과 찬양의 여정, '다윗처럼'

다윗처럼 살기를 원하는 한 사람이 있습니다. 다윗처럼 하나님 앞에 기쁨이 되며, 아름다운 시와 신령한 노래로 하나님께 영광을 올려드리는 그 한 사람이 내가 되기를 바라며, 무엇을 어떻게 해야 할까를 고민하였습니다. 그러다 다윗을 따라 해 보기로 하였습니다. 그의 자취를 따라가 보기로 하였습니다.

목동 시절 어린 소년 다윗부터 도망자 시절 중년, 또 왕이 되기까지 그의 모든 삶의 여정이 녹아져 있는 그의 시편들을 읽으며 함께 호흡하고 함께 살아내고 싶었습니다. 그의 시들을 내 인생 앞으로 가져오고 싶었습니다. 내 것으로 만들고 싶었습니다. 또, 우리의 삶으로 적용하고 싶었습니다.

그러나 다윗의 모든 시가 참으로 어려웠습니다. 거의 모든 시들이 고통과 신음으로 얼룩져 있었습니다. 하지만 그 마지막 행은 항상 찬양으로 마무리되고 있었습니다.

제가 속한 교회 작은 소그룹 공동체에서 매일 시편 한 편씩을 나누며 함께 기도했습니다. 다윗의 시가 우리의 시가 되고 있습니다.
우리는 이제 시편 1편에서 시작하여 150편을 향해 달려가고 있습니다. (이 책은 다윗의 시편만을 모았습니다.) 다윗이 걸어왔던 믿음의 여정을 함께 걷고 있습니다.

　눈물과 웃음이 묻어나는 다윗의 시편을 함께 읽으며 묵상하며 기도하는 이 길 가운데 예수님의 걸음이 보입니다. 예수님의 길이 보입니다. 우리는 그렇게 하루하루 성장해 가고 있습니다. 견디어 가고 있습니다. 아직 더딜지라도…. 그런 우리들을 늘 바라보고 계시며, 말씀으로 응원해 주시며, 사랑하여 주시는 하나님 아버지께 감사와 영광을 올려드리며, 하나님께서 사랑하시는 모든 분들과 이 책을 나누고 싶습니다.

2025년 5월
백 영 덕

⚭ 차 례

추천의 글 ··· 4
프롤로그 ··· 8

< 1권 > Knowing me   *사람이 무엇이기에*

- 시편 1편 복 있는 사람은 ·· 16
- 시편 2편 여호와를 경외함으로 ·· 18
- 시편 3편 천만인이 나를 에워싸 진 친다 하여도 ································ 21
- 시편 4편 주께서 내 마음에 두신 기쁨 ··· 25
- 시편 5편 방패로 함 같은 은혜의 호위 ··· 28
- 시편 6편 여호와께서 내 울음 소리를 들으셨도다 ······························· 32
- 시편 7편 살상 무기는 주님 손에 ·· 35
- 시편 8편 사람이 무엇이기에 ··· 39
- 시편 9편 내가 전심으로 여호와께 감사하오며 ·································· 42
- 시편 10편 여호와여, 어찌하여 그토록 멀리 계십니까? ······················· 46
- 시편 11편 그의 눈이 인생을 통촉하시고 ·· 49
- 시편 12편 아첨하는 입술과 자랑하는 혀 ··· 51
- 시편 13편 나의 원수들이 "내가 이겼다" 말하지 못하게 하소서 ··········· 54
- 시편 14편 여호와께서 하늘에서 인생을 굽어살피사 ···························· 56
- 시편 15편 하나님께서 명령하시는 것 ·· 58
- 시편 16편 여호와는 나의 산업과 나의 잔의 소득이시니 ······················· 60
- 시편 17편 주께서 내 마음을 시험하시고 ·· 62
- 시편 18편 내 손이 깨끗한 만큼 내게 갚으셨도다 ································· 66
- 시편 19편 날은 날에게 말하고 밤은 밤에게 지식을 전하니 ··················· 71
- 시편 20편 우리 하나님의 이름으로 우리의 깃발을 세우리니 ················· 74
- 시편 21편 주의 힘으로 말미암아 기뻐하며 ·· 76
- 시편 22편 나는 벌레요 사람이 아니라 ·· 79

- 시편 23편 자기 이름을 위하여 ……………………………………… 84
- 시편 24편 그의 거룩한 곳에 설 자가 누구인가? ……………… 86
- 시편 25편 여호와의 친밀하심과 성실과 정직으로 …………… 88
- 시편 26편 주의 영광이 머무는 곳 …………………………………… 91
- 시편 27편 전쟁이 일어나 나를 치려 할지라도 ………………… 93
- 시편 28편 주님은 나의 힘, 나의 방패 ………………………………… 96
- 시편 29편 여호와의 소리 ………………………………………………… 100
- 시편 30편 내가 주께 영원히 감사하겠습니다 …………………… 102
- 시편 31편 나를 영원히 부끄럽게 하지 마시고 ………………… 105
- 시편 32편 너희는 무지한 말이나 노새같이 되지 말지어다 … 109
- 시편 33편 새 노래로 ………………………………………………………… 111
- 시편 34편 너희는 여호와의 선하심을 맛보아 알지어다 ……… 115
- 시편 35편 나와 싸우는 자와 싸워 주소서 ……………………… 120
- 시편 36편 못된 사람과 좋으신 하나님 ……………………………… 124
- 시편 37편 악을 행하는 자들 때문에 불평하지 말며 ………… 127
- 시편 38편 내가 우매한 까닭이로소이다 ……………………………… 131
- 시편 39편 생각하면 할수록 울화가 치밀어 올라서 …………… 134
- 시편 40편 멸망의 구덩이와 진흙탕에서 나를 건져 주셨네 …… 138
- 시편 41편 가난한 자를 보살피는 자에게는 복이 있음이여 …… 141

< 2권 > Knowing me   내 마음이 약해질 때에

- 시편 51편 내 죄가 항상 내 앞에 있나이다 ……………………… 148
- 시편 52편 하나님의 집에 있는 푸른 감람나무 ……………………… 152
- 시편 53편 어리석은 자는 그의 마음에 이르기를 하나님이 없다 하도다 … 155
- 시편 54편 하나님이여 주의 이름으로 나를 구원하시고 ……… 158
- 시편 55편 내가 멀리 날아가서 광야에 머무르리로다 ………… 161
- 시편 56편 하나님이 내 편이심을 내가 아나이다 ………………… 165

- 시편 57편 내 마음이 확정되었고 내 마음이 확정되었사오니 ·············· 169
- 시편 58편 듣지 못하는 코브라의 독 ······································ 173
- 시편 59편 하나님은 나의 요새이시며 ······································ 176
- 시편 60편 그는 우리의 대적을 밟으실 이심이로다 ················· 180
- 시편 61편 내 마음이 약해질 때에 ·· 184
- 시편 62편 나의 영혼이 잠잠히 하나님만 바람이여 ················· 187
- 시편 63편 주의 인자하심이 생명보다 나으므로 ······················ 190
- 시편 64편 그러나 하나님이 그들을 쏘시리니 ························· 192
- 시편 65편 초장은 양 떼로 옷 입었고 골짜기는 곡식으로 덮였으매 ········ 195
- 시편 66편 하나님이 바다를 변하여 육지가 되게 하셨으므로 ········ 198
- 시편 67편 땅의 모든 끝이 하나님을 경외하리로다 ················· 201
- 시편 68편 하나님 앞에서 뛰놀며 기뻐하고 즐거워할지어다 ········ 204
- 시편 69편 나는 가난하고 슬프오니 ·· 208
- 시편 70편 여호와여 속히 나를 도우소서 ································ 212
- 시편 71편 하나님이여 내가 늙어 백발이 될 때에도 ·············· 214
- 시편 72편 해가 닳도록, 달이 닳도록, 영원무궁하도록 ·············· 217

< 3권 > Knowing me *은총의 표적*

- 시편 86편 은총의 표적 ·· 222

< 4권 > Knowing God *내 속에 있는 것들아*
다 그의 거룩한 이름을 송축하라

- 시편 101편 주의 사랑과 정의 ·· 228
- 시편 102편 나의 괴로운 날에 ·· 231
- 시편 103편 내 속에 있는 것들아 다 그의 거룩한 이름을 송축하라 ······ 235

<5권> Knowing Community　형제가 연합하여 동거함이

- 시편 107편　동서남북 여호와의 속량을 받은 자들 ·················· 240
- 시편 108편　우리가 하나님을 의지하고 용감히 행하리니 ············· 245
- 시편 109편　나는 사랑하나 그들은 도리어 나를 대적하니 ············ 249
- 시편 110편　주의 권능의 날에 주의 백성들이 거룩한 옷을 입고 ······ 254
- 시편 122편　여호와 우리 하나님의 집을 위하여 ····················· 256
- 시편 124편　여호와께서 우리 편에 계시지 아니하셨더라면 ·········· 258
- 시편 131편　내 영혼이 젖뗀 아이와 같도다 ·························· 260
- 시편 133편　형제가 연합하여 동거함이 ······························ 262
- 시편 138편　내가 마음을 다해 주를 찬양할 것입니다 ················ 265
- 시편 139편　여호와께서 나를 살펴보셨으므로 ······················· 268
- 시편 140편　포악한 자에게서 나를 보전하소서 ······················ 273
- 시편 141편　그들의 진수성찬을 먹지 말게 하소서 ··················· 276
- 시편 142편　내가 이렇게 부르짖으니 ································ 279
- 시편 143편　내가 옛날을 기억하고 ·································· 281
- 시편 144편　여호와를 자기 하나님으로 삼는 백성은 복이 있도다 ···· 285
- 시편 145편　왕이신 나의 하나님이여 내가 주를 높이고 ············· 289

에필로그 ··· 294

일러두기

1. 특별한 표기가 없는 모든 성경 구절은 개역개정 성경을 인용한 것입니다.
2. * 표시는 두란노 바이블칼리지 시가서 시편 강의안에서 인용한 것입니다.
   (저자_이성혜_백석대학원 구약학 교수)
3. 다윗 시편으로 표제 되지 않은 일부 시편도 포함하였습니다.
   (시편 1편, 2편, 10편, 33편, 66편, 67편, 71편, 72편, 102편, 107편)

1권
Knowing me

사람이
무엇이기에

【 시편 1편 】 복 있는 사람은

제 일 권

1 복 있는 사람은 악인들의 꾀를 따르지 아니하며
　죄인들의 길에 서지 아니하며
　오만한 자들의 자리에 앉지 아니하고
2 오직 여호와의 율법을 즐거워하여
　그의 율법을 주야로 묵상하는도다
3 그는 시냇가에 심은 나무가 철을 따라 열매를 맺으며
　그 잎사귀가 마르지 아니함 같으니
　그가 하는 모든 일이 다 형통하리로다
4 악인들은 그렇지 아니함이여 오직 바람에 나는 겨와 같도다
5 그러므로 악인들은 심판을 견디지 못하며
　죄인들이 의인들의 모임에 들지 못하리로다
6 무릇 의인들의 길은 여호와께서 인정하시나
　악인들의 길은 망하리로다

✢ 묵상과 기도

시편은 *왕이신 하나님께서 우리를 끝까지 책임지시고 사랑하시고 보호하시는 하나님 나라의 언약 백성으로서, 그분의 통치와 돌보심 안에서 하나님을 예배하며, 창조와 구원의 하나님을 노래하는 책입니다.

시편의 1편과 2편은 시편의 서론으로서, 시편 전체의 주제를 제시합니다. 의인의 삶과 악인의 삶의 모습이 대조적으로 나타나며, 그 결과를 명확하게 보여 줍니다.

"복 있는 사람은 악인들의 꾀를 따르지 아니하며" 시 1:1

복 있는 사람의 첫 번째 조건은 악인들의 꾀를 따르지 않으며, 죄인들의 길에 서지 않고, 오만한 자리에 앉지 않는 것입니다.
두 번째 복 있는 사람의 조건은 오직 여호와의 율법을 즐거워하여 그의 율법을 주야로 묵상하는 것입니다. 우리는 두 가지 조건을 충족하지 않으면서 열매 맺기를 바랄 때가 많습니다.

"그는 시냇가에 심은 나무가 철을 따라 열매를 맺으며" 시 1:3

주님, 복 있는 자의 우선순위는 먼저 죄에서 멀어지는 것이며, 말씀을 주야로 묵상하는 자임을 깨닫게 하시니 감사합니다. 우리가 죄인과 의인의 길 사이에서 바람에 나는 겨와 같이 되지 않게 하시고, 여호와께서 인정하시는 의인 된 삶을 살아가게 하옵소서. 우리 주 예수 그리스도의 이름으로 간절히 기도합니다. 아멘!

【 시편 2편 】 여호와를 경외함으로

1 어찌하여 이방 나라들이 분노하며
　민족들이 헛된 일을 꾸미는가
2 세상의 군왕들이 나서며 관원들이 서로 꾀하여
　여호와와 그의 기름 부음 받은 자를 대적하며
3 우리가 그들의 맨 것을 끊고
　그의 결박을 벗어 버리자 하는도다
4 하늘에 계신 이가 웃으심이여 주께서 그들을 비웃으시리로다
5 그 때에 분을 발하며 진노하사 그들을 놀라게 하여 이르시기를
6 내가 나의 왕을 내 거룩한 산 시온에 세웠다 하시리로다
7 내가 여호와의 명령을 전하노라
　여호와께서 내게 이르시되 너는 내 아들이라
　오늘 내가 너를 낳았도다
8 내게 구하라 내가 이방 나라를 네 유업으로 주리니
　네 소유가 땅끝까지 이르리로다
9 네가 철장으로 그들을 깨뜨림이여
　질그릇 같이 부수리라 하시도다
10 그런즉 군왕들아 너희는 지혜를 얻으며
　세상의 재판관들아 너희는 교훈을 받을지어다
11 여호와를 경외함으로 섬기고 떨며 즐거워할지어다
12 그의 아들들에게 입맞추라 그렇지 아니하면
　진노하심으로 너희가 길에서 망하리니
　그의 진노가 급하심이라
　여호와께 피하는 모든 사람은 다 복이 있도다

✚ 묵상과 기도

시편 1편은 의인의 길과 악인의 길에 대해, 시편 2편에서는 세상의 왕권과 하나님의 왕권에 대해 말씀하시며 진정한 복 있는 자의 삶에 대해 반복하며 교훈합니다.

"어찌하여 이방 나라들이 분노하며 민족들이 헛된 일을 꾸미는가 세상의 군왕들이 나서며 관원들이 서로 꾀하여 여호와와 그의 기름 부음 받은 자를 대적하며 우리가 그들의 맨 것을 끊고 그의 결박을 벗어 버리자 하는도다" 시 2:1-3

악인, 죄인, 오만한 자의 모습을 가진 실제적인 모델이 등장합니다. 바로 이방 나라 민족들, 세상의 군왕들, 관원들입니다. 그리고 하나님의 통치와 다스림을 거역하며 하나님을 대적할 계략을 세웁니다. 오직, 그들만의 생각대로....

"하늘에 계신 이가 웃으심이여 주께서 그들을 비웃으시리로다" 시 2:4

"내가 나의 왕을 내 거룩한 산 시온에 세웠다 하시리로다 내가 여호와의 명령을 전하노라 여호와께서 내게 이르시되 너는 내 아들이라 오늘 내가 너를 낳았도다" 시 2:6-7

이때, 하나님께서 예수님을 왕으로 세우시고 경고하십니다.

"네가 철장으로 그들을 깨뜨림이여 질그릇같이 부수리라 하시도다"
시 2:9

"여호와를 경외함으로 섬기고 떨며 즐거워할지어다" 시 2:11

주님, 우리의 내면 깊은 곳에 자리 잡고 있는, 세상적인 판단과 비판은 끊어내게 하시고, 세상의 군왕들처럼 재판관들처럼 내 생각이 옳다 하는 오만함을 버리게 하시고, 하나님의 통치에 순종하는 복 있는 삶을 살아가게 하옵소서.

오직 왕이신 하나님만을 찬양하며, 감사하며, 여호와를 경외함으로 섬기고 떨며 즐거워하게 하옵소서. 우리의 진정한 왕이신 우리 주 예수 그리스도의 이름으로 간절히 기도합니다. 아멘!

【 시편 3편 】 천만인이 나를 에워싸 진 친다 하여도

다윗이 그의 아들 압살롬을 피할 때에 지은 시

1 여호와여 나의 대적이 어찌 그리 많은지요
  일어나 나를 치는 자가 많으니이다
2 많은 사람이 나를 대적하여 말하기를
  그는 하나님께 구원을 받지 못한다 하나이다 (셀라)
3 여호와여 주는 나의 방패시요 나의 영광이시요
  나의 머리를 드시는 자이시니이다
4 내가 나의 목소리로 여호와께 부르짖으니
  그의 성산에서 응답하시는도다 (셀라)
5 내가 누워 자고 깨었으니 여호와께서 나를 붙드심이로다
6 천만인이 나를 에워싸 진 친다 하여도
  나는 두려워하지 아니하리이다
7 여호와여 일어나소서 나의 하나님이여 나를 구원하소서
  주께서 나의 모든 원수의 뺨을 치시며 악인의 이를 꺾으셨나이다
8 구원은 여호와께 있사오니 주의 복을 주의 백성에게 내리소서 (셀라)

✚ 묵상과 기도

시편 중에서 가장 많은 내용은 개인의 *탄식시입니다. 살아가면서 겪는 여러 가지 고난과 어려움을 탄식하며 하나님께 부르짖으며, 탄식뿐 아니라 믿음의 고백과 찬양을 함께 올려 드리고 있습니다.

"다윗이 예루살렘에 함께 있는 그의 모든 신하들에게 이르되 일어나 도망하자 그렇지 아니하면 우리 중 한 사람도 압살롬에게서 피하지 못하리라 빨리 가자 두렵건대 그가 우리를 급히 따라와 우리를 해하고 칼날로 성읍을 칠까 하노라" 삼하 15:14

아들 압살롬의 반역으로 다윗은 죽음의 위기 가운데 도망하고 있습니다. 이때, 다윗은 탄식하며 하나님께 시편 3편으로 부르짖고 있습니다. 이 시의 흐름과 순서를 한번 따라가 볼까요?

"여호와여 나의 대적이 어찌 그리 많은지요 일어나 나를 치는 자가 많으니이다" 시 3:1

그 시작은 "여호와여"입니다. 먼저 탄식의 대상이신 하나님을 부릅니다. "나의 대적이 어찌 그리 많은지요?" "왜? 하필 나의 대적이 압살롬입니까? 내 아들입니까?" 토로하는 것 같습니다.

"많은 사람이 나를 대적하여 말하기를 그는 하나님께 구원을 받지 못한다 하나이다" 시 3:2

압살롬을 피해 도망하는 모습을 본 대적들이 손가락질하며 "이제 다윗은 죽은 목숨이다. 하나님께 구원받지 못한다." 떠들어대며 저주합니다. (셀라) 잠깐 쉬어가야 할 것 같습니다. 심호흡이 필요하네요! 다윗은 그들이 하는 말을 그대로 하나님께 아룁니다.

> "여호와여 주는 나의 방패시요 나의 영광이시요 나의 머리를 드시는 자이시니이다 내가 나의 목소리로 여호와께 부르짖으니 그의 성산에서 응답하시는도다" 시 3:3-4

구원받지 못할 거라 말하는 대적들과 상반되게 다윗은 구원의 주를 높이며 그가 성산에서 응답하실 거라 자신합니다. 아들의 반란으로 신도 못 신고 도망하는 다윗의 고통은 이루 말할 수 없었지만, 그럼에도 불구하고 다윗은 하나님을 높이며 찬양하며 기대합니다. 과연 우리도 그럴 수 있을까요? 아니요. 그렇게 못할 것 같습니다.

이제 결론입니다. 다윗의 결연함이 묻어있는 고백과 다짐입니다.

> "내가 누워 자고 깨었으니 여호와께서 나를 붙드심이로다 천만인이 나를 에워싸 진 친다 하여도 나는 두려워하지 아니하리이다" 시 3:5-6

주님, 두려워하지 않겠습니다!

> "여호와여 일어나소서 나의 하나님이여 나를 구원하소서 주께서 나의 모든 원수의 뺨을 치시며 악인의 이를 꺾으셨나이다 구원은 여호와께 있사오니 주의 복을 주의 백성에게 내리소서" 시 3:7-8

구원은 오직 여호와께 있습니다!

주님, 우리 인생의 모든 탄식은 오직 하나님 앞에서만 하게 하시고, 두려워하지 않게 하시고, 구원은 오직 여호와께 있음을 고백하오니, 주의 복을 우리에게 내려 주옵소서. 우리의 탄식에 귀 기울이시는, 우리 주 예수 그리스도의 이름으로 간절히 기도합니다. 아멘!

【 시편 4편 】 주께서 내 마음에 두신 기쁨

다윗의 시, 인도자를 따라 현악에 맞춘 노래

1 내 의의 하나님이여 내가 부를 때에 응답하소서
  곤란 중에 나를 너그럽게 하셨사오니 내게 은혜를 베푸사
  나의 기도를 들으소서
2 인생들아 어느 때까지 나의 영광을 바꾸어 욕되게 하며
  헛된 일을 좋아하고 거짓을 구하려는가 (셀라)
3 여호와께서 자기를 위하여 경건한 자를 택하신 줄
  너희가 알지어다 내가 그를 부를 때에
  여호와께서 들으시리로다
4 너희는 떨며 범죄하지 말지어다
  자리에 누워 심중에 말하고 잠잠할지어다 (셀라)
5 의의 제사를 드리고 여호와를 의지할지어다
6 여러 사람의 말이 우리에게 선을 보일 자 누구뇨 하오니
  여호와여 주의 얼굴을 들어 우리에게 비추소서
7 주께서 내 마음에 두신 기쁨은 그들의 곡식과 새 포도주가
  풍성할 때보다 더하니이다
8 내가 평안히 눕고 자기도 하리니 나를 안전히 살게 하시는 이는
  오직 여호와이시니이다

✚ 묵상과 기도

시편 3편은 이른 아침 기도이고, 시편 4편은 저녁 기도입니다. 다윗은 새벽에도 밤에도 주야로 기도합니다.

"인생들아 어느 때까지 나의 영광을 바꾸어 욕되게 하며 헛된 일을 좋아하고 거짓을 구하려는가" 시 4:2

우리의 고난은 어디서부터 누구에게로 오는 걸까요? 아담과 하와에게 찾아왔던 뱀으로부터 죄의 유혹은 끊임없이 우리를 넘어뜨리고, 세상의 권세 잡은 악한 사단의 공격은 오늘도 계속되고 있습니다.

그래서 예수님께서는 깨어서 기도하라고 말씀하십니다. 우리와 하나님과의 관계에 소원함이 생기고, 틈이 생기면 어김없이 찾아오는 것이 사단의 시험입니다. 우리가 사명의 자리에 있지 아니하고 세상의 자리에 있을 때, 그 틈새로 사단은 찾아옵니다. 뱀처럼 우리 마음에 찾아와서 달콤하게 속삭이며 부추깁니다.

무엇을 부추길까요? 하나님의 말씀과 정반대되는 마음을 갖게 만듭니다. 하나님이 싫어하시는 것을 하게 만듭니다. 그리고 결국, 하나님을 떠나게 만듭니다.

우리는 이런 영적 싸움 가운데에서 다윗처럼 솔직하게 하나님 앞에서 탄식하고, 부르짖고, 통곡하고, 하나님과 독대해야 합니다. 마귀와 짝하는 것이 아니고 연약하고 부족한 우리의 마음과 생각을 붙잡아 달라고 하나님 앞에서 넘어져야 합니다. *탄식도 하나님 앞에서, 넘어지는 것도 하나님 앞에서입니다.

다윗은 연약한 자신의 모습을 솔직히 하나님 앞에 고백합니다. 다윗도 저희도 마찬가지입니다. 하나님 앞에서 연약하지 않은 인생이 누구일까요?

"너희는 떨며 범죄하지 말지어다 자리에 누워 심중에 말하고 잠잠할지어다" 시 4:4

밤에 잠자리에 누워 다윗은 자신을 살핍니다. 주님을 진정으로 경외한다면 죄에 민감하여 밤마다 자기의 죄를 살피게 될 것입니다. 다윗처럼요. 성경은 말씀합니다. 마음속 깊은 곳에 계신 하나님께 마음으로 말하고 입으로는 잠잠하라고 말입니다.

"주께서 내 마음에 두신 기쁨은 그들의 곡식과 새 포도주가 풍성할 때보다 더하니이다. 내가 평안히 눕고 자기도 하리니 나를 안전히 살게 하시는 이는 오직 여호와이시니이다" 시 4:7-8

주님, 세상의 어떠한 물질과 풍성함보다 오직 주님이 우리 마음에 두신 기쁨으로 말미암아 참 기쁨과 평안을 누리게 하시고, 나를 안전히 살게 하시는 이는 오직 여호와 하나님이심을 마음으로 고백하게 하소서. 기쁨의 원천이신 우리 주 예수 그리스도의 이름으로 간절히 기도합니다. 아멘!

【 시편 5편 】 방패로 함 같은 은혜의 호위

다윗의 시, 인도자를 따라 관악에 맞춘 노래

1 여호와여 나의 말에 귀를 기울이사
　나의 심정을 헤아려 주소서
2 나의 왕, 나의 하나님이여 내가 부르짖는 소리를 들으소서
　내가 주께 기도하나이다
3 여호와여 아침에 주께서 나의 소리를 들으시리니
　아침에 내가 주께 기도하고 바라리이다
4 주는 죄악을 기뻐하는 신이 아니시니
　악이 주와 함께 머물지 못하며
5 오만한 자들이 주의 목전에 서지 못하리이다
　주는 모든 행악자를 미워하시며
6 거짓말하는 자들을 멸망시키시리이다
　여호와께서는 피 흘리기를 즐기는 자와
　속이는 자를 싫어하시나이다
7 오직 나는 주의 풍성한 사랑을 힘입어 주의 집에 들어가
　주를 경외함으로 성전을 향하여 예배하리이다
8 여호와여 나의 원수들로 말미암아 주의 의로 나를 인도하시고
　주의 길을 내 목전에 곧게 하소서
9 그들의 입에 신실함이 없고 그들의 심중이 심히 악하며
　그들의 목구멍은 열린 무덤 같고 그들의 혀로는 아첨하나이다
10 하나님이여 그들을 정죄하사 자기 꾀에 빠지게 하시고
　　그 많은 허물로 말미암아 그들을 쫓아내소서
　　그들이 주를 배역함이니이다

11 그러나 주께 피하는 모든 사람은 다 기뻐하며
주의 보호로 말미암아 영원히 기뻐 외치고
주의 이름을 사랑하는 자들은 주를 즐거워하리이다
12 여호와여 주는 의인에게 복을 주시고
방패로 함 같이 은혜로 그를 호위하시리이다

✚ 묵상과 기도

시편은 총 5권으로 되어 있으며, 1권-3권(시편 3편-89편)의 *주제는 다윗왕의 연약함과 다윗이 겪는 고난 속 탄식의 기도가 중심이며, 하나님과 맺은 언약에 근거한 하나님의 도우심을 간구하는 내용입니다.

오늘 우리에게 주는 메시지는 우리의 인생 여정 속 고통과 고난, 연약함이 철저하게 드러나는 *"연약한 인생임을 아는 것"(knowing me)이 중요한 것임을, 그리고 연약한 인생이 의지할 도움은 오직 하나님뿐임을 알고 믿음의 기도로 간구함의 자리에 나아가야 함을 강조하고 있습니다.

> "여호와여 나의 말에 귀를 기울이사 나의 심정을 헤아려 주소서 나의 왕, 나의 하나님이여 내가 부르짖는 소리를 들으소서 내가 주께 기도하나이다" 시 5:1-2

> "여호와여 나의 원수들로 말미암아 주의 의로 나를 인도하시고 주의 길을 내 목전에 곧게 하소서" 시 5:8

나의 마음을 힘들게 하는 자 있습니까? 나의 마음을 힘들게 하는 일이 있습니까?

주님, 나의 심정을 헤아려 달라고 간청하는 다윗처럼 기도하게 하시고, 주의 공의로 모든 일들을 다스려 주시고, 나를 힘들게 하는 사람 때문에 또는 나를 힘들게 하는 일 때문에 넘어지는 것이 아니요, 오히려 그것들을 통하여 나를 주의 선한 길로 인도하실 하나님만을 바라보게 하옵소서. 그리고, 하나님이 이루어 가시고 일하시는 그 고난의 시간 가운데에 더욱 인내함으로 하나님과 동행하게 하옵소서.

"그러나 주께 피하는 모든 사람은 다 기뻐하며 주의 보호로 말미암아 영원히 기뻐 외치고 주의 이름을 사랑하는 자들은 주를 즐거워하리이다 여호와여 주는 의인에게 복을 주시고 방패로 함 같이 은혜로 그를 호위하시리이다" 시 5:11-12

우리를 끝까지 사랑하시고 책임지시고 영원한 방패 되시는 우리 주 예수 그리스도의 이름으로 간절히 기도합니다. 아멘!

【 시편 6편 】 여호와께서 내 울음 소리를 들으셨도다

다윗의 시, 인도자를 따라 현악 여덟째 줄에 맞춘 노래

1 여호와여 주의 분노로 나를 책망하지 마시오며
 주의 진노로 나를 징계하지 마옵소서
2 여호와여 내가 수척하였사오니 내게 은혜를 베푸소서
 여호와여 나의 **뼈**가 떨리오니 나를 고치소서
3 나의 영혼도 매우 떨리나이다 여호와여 어느 때까지니이까
4 여호와여 돌아와 나의 영혼을 건지시며 주의 사랑으로
 나를 구원하소서
5 사망 중에서는 주를 기억하는 일이 없사오니
 스올에서 주께 감사할 자 누구리이까
6 내가 탄식함으로 피곤하여 밤마다 눈물로
 내 침상을 띄우며 내 요를 적시나이다
7 내 눈이 근심으로 말미암아 쇠하며
 내 모든 대적으로 말미암아 어두워졌나이다
8 악을 행하는 너희는 다 나를 떠나라
 여호와께서 내 울음 소리를 들으셨도다
9 여호와께서 내 간구를 들으셨음이여
 여호와께서 내 기도를 받으시리로다
10 내 모든 원수들이 부끄러움을 당하고 심히 떨이여
 갑자기 부끄러워 물러가리로다

✚ 묵상과 기도

환난 때에 다윗은 기도합니다. 노래합니다. 탄식합니다.

"내 마음이 찢어질 듯이 아픕니다. 여호와여, 언제까지 기다려야 합니까?" 쉬운성경 시 6:3

"죽으면 아무도 주를 생각할 수 없습니다. 무덤 속에서 누가 주를 찬양할 수 있단 말입니까?" 쉬운성경 시 6:5

"너무 많이 울어 눈앞이 잘 보이지 않습니다. 원수들 때문에 흘린 눈물로 시력이 약해졌습니다" 쉬운성경 시 6:7

다윗은 탄식 중에도 기도 중에도 싸우고 있습니다. 육신의 고통과 마음의 고통과 영혼의 고통들에게 크게 소리칩니다. 선포합니다.

"내게서 떠나가거라! 악한 일을 저지르는 모든 자들아! 여호와께서 내 울부짖음을 들으셨다. 여호와께서 자비를 간절히 구하는 내 외침을 들으셨으니 내 기도를 받으실 것이다" 쉬운성경 시 6:8-9

"내 모든 원수들이 두려워하기를 바라고 창피를 당한 후 물러가기를 바랍니다." 쉬운성경 시 6:10

주님, 몸도 맘도 지쳐있는 우리의 모습을 지금 보고 계시는지요? 그러면, 언제까지 기다려야 할까요? 무덤에 죽은 송장처럼 생기 없는 우리의 모습을 바라시는 것은 아니시겠지요?

눈물이 앞을 가려 길이 보이지 않습니다. 우리가 평생 흘린 눈물의 양을 주님은 아시지요? 힘이 없습니다. 뼈마디는 고통스럽고 마음은 만신창이가 되어 있습니다.

신음과 탄식 속에 이제는 지쳐 버렸습니다. 우리의 울부짖음과 간구를 들으시고 불쌍히 여겨 주옵소서. 우리의 영혼을 건지시며 주의 사랑으로 우리를 구원하소서. 우리 주 예수 그리스도의 이름으로 간절히 기도합니다. 아멘!

【 시편 7편 】 살상 무기는 주님 손에 (※역본_새번역)

주님은 언제나 옳게 행하신다.
다윗의 식가욘, 베냐민 사람 구시가 한 말을 듣고
다윗이 주님 앞에서 부른 애가

1 주 나의 하나님, 내가 주님께로 피합니다.
 나를 뒤쫓는 모든 사람에게서 나를 구원하여 주시고, 건져 주십시오.
2 그들이 사자처럼 나를 찢어 발기어도,
 나의 목숨 건져 줄 사람이 없을까 두렵습니다.
3 주 나의 하나님, 내가 만일 이런 일을 저질렀다면 벌을 내려 주십시오.
 내가 손으로 폭력을 행했거나
4 친구의 우정을 악으로 갚았거나, 나의 대적이라고 하여
 까닭 없이 그를 약탈했다면,
5 원수들이 나를 뒤쫓아와서, 내 목숨을 덮쳐서 땅에 짓밟고,
 내 명예를 짓밟아도, 나는 좋습니다. (셀라)
6 주님, 진노하며 일어나시고, 내 대적들의 기세를 꺾어 주십시오.
 하나님, 깨어나셔서 판결을 내려 주십시오.
7 뭇 민족들을 주님 앞으로 모으시고,
 주님께서는 그 높은 법정으로 돌아오십시오.
8 주님께서는 뭇 백성들을 판단하시는 분이시니,
 내 의와 내 성실함을 따라 나를 변호해 주십시오.
9 악한 자의 악행을 뿌리 뽑아 주시고 의인은 굳게 세워 주십시오.
 주님은 의로우신 하나님,
 사람의 마음 속 생각을 낱낱이 살피시는 분이십니다.

10 하나님은 나를 지키시는 방패시요,
    마음이 올바른 사람에게 승리를 안겨 주시는 분이시다.
11 하나님은 공정한 재판장이시요,
    언제라도 악인을 벌하는 분이시다.
12 뉘우치고 돌아오지 않으면, 칼을 갈고 활을 겨누어 심판을 준비하신다.
13 살상 무기를 준비하시고, 화살 끝에 불을 붙이신다.
14 악인은 악을 잉태하여 재앙과 거짓을 낳는구나.
15 함정을 깊이 파지만, 그가 만든 구덩이에 그가 **빠진다**.
16 남에게 준 고통이 그에게로 돌아가고,
    남에게 휘두른 폭력도 그의 정수리로 돌아간다.
17 나는 주님의 의로우심을 찬송하고 가장 높으신
    주님의 이름을 노래하련다.

✚ 묵상과 기도

"주 나의 하나님, 내가 만일 이런 일을 저질렀다면 벌을 내려 주십시오. 내가 손으로 폭력을 행했거나, 친구의 우정을 악으로 갚았거나, 나의 대적이라고 하여 까닭 없이 그를 약탈했다면, 원수들이 나를 뒤쫓아와서, 내 목숨을 덮쳐서 땅에 짓밟고, 내 명예를 짓밟아도, 나는 좋습니다." 새번역 시 7:3-5

다윗은 "하나님, 깨어나셔서 판결을 내려 주십시오. 법정으로 돌아오셔서 판단하여 주시고 변호하여 달라고" 새번역 시 7:6-8 호소하고 요청합니다.

"주님께서는 뭇 백성들을 판단하시는 분이시니, 내 의와 내 성실함을 따라 나를 변호해 주십시오. 악한 자의 악행을 뿌리 뽑아 주시고 의인은 굳게 세워 주십시오. 주님은 의로우신 하나님, 사람의 마음속 생각을 낱낱이 살피시는 분이십니다" 새번역, 시 7:8-9

"하나님은 나를 지키시는 방패시요, 마음이 올바른 사람에게 승리를 안겨 주시는 분이시다. 하나님은 공정한 재판장이시요, 언제라도 악인을 벌하는 분이시다. 뉘우치고 돌아오지 않으면, 칼을 갈고 활을 겨누어 심판을 준비하신다. 살상 무기를 준비하시고, 화살 끝에 불을 붙이신다." 새번역, 시 7:10-14

다윗은 자신에게 악을 행하는 자들을 향하여, 칼을 갈고 활을 겨누지 않습니다. 살상 무기와 화살 끝에 불을 붙여 쏘아 대지도 않습니다.

오직 공정한 재판장이신 하나님 손에 맡기고 판결을 구하며, 죄에 대한 심판도 하나님의 방법대로 행하실 것을 알고 있습니다. 이 모든 것들이, 하나님의 주권이고 영역임을 철저히 인정합니다. 하지만 우리는 그렇지 않습니다. 우리가 상대방을 죄 있다 정죄하고, 우리가 재판장이 되어 판결하고, 우리가 칼을 뽑습니다. 내 속의 들보는 보지 못하고, 상대방의 들보만 보고 있는 나 자신입니다. 그렇지만 다윗은 다르네요. 하나님께서 악인을 심판하시기 전에, 먼저 다윗 자신을 심판해 달라고 합니다. 그리고 그 심판을 달게 받겠다고 합니다. 만민을 심판하시는 하나님 앞에 다윗도 우리도 예외가 아닙니다.

> "남에게 준 고통이 그에게로 돌아가고, 남에게 휘두른 폭력도 그의 정수리로 돌아간다." 새번역 시 7:16

다윗은 알고 있습니다. 의로우신 하나님의 판결과 심판이 어떠한지요. 시편 7편의 마지막 줄 결론입니다.

> "나는 주님의 의로우심을 찬송하고 가장 높으신 주님의 이름을 노래하련다." 새번역 시 7:17

시편 7장 1절에서 7절까지는 다윗의 극심한 고통이 느껴지는데, 마지막 절 17절에 도착하니 "주의 이름을 노래하련다"로 끝마치고 있습니다.

주님, 오늘 하루, 우리의 눈물이 변하여 기쁨이 되고, 슬픔이 변하여 춤이 되게 하시고, 의의 면류관을 주님께 올려드리며, 기쁨으로 찬송하게 하옵소서. 우리의 영원한 소망이 되시는 우리 주 예수 그리스도의 이름으로 간절히 기도합니다. 아멘!

【 시편 8편 】 사람이 무엇이기에

다윗의 시, 인도자를 따라 깃딧에 맞춘 노래

1 여호와 우리 주여 주의 이름이 온 땅에 어찌 그리 아름다운지요
  주의 영광이 하늘을 덮었나이다
2 주의 대적으로 말미암아 어린 아이들과 젖먹이들 입으로
  권능을 세우심이여 이는 원수들과 보복자들을
  잠잠하게 하려 하심이니이다
3 주의 손가락으로 만드신 주의 하늘과
  주께서 베풀어 두신 달과 별들을 내가 보오니
4 사람이 무엇이기에 주께서 그를 생각하시며
  인자가 무엇이기에 주께서 그를 돌보시나이까
5 그를 하나님보다 조금 못하게 하시고
  영화와 존귀로 관을 씌우셨나이다
6 주의 손으로 만드신 것을 다스리게 하시고
  만물을 그의 발 아래 두셨으니
7 곧 모든 소와 양과 들짐승이며
8 공중의 새와 바다의 물고기와 바닷길에 다니는 것이니이다
9 여호와 우리 주여 주의 이름이 온 땅에 어찌 그리 아름다운지요

✚ 묵상과 기도

*"묵상"한다는 것은 히브리적 사고방식으로 "읊조림"이라고 합니다. 머리로 생각하는 것이 아니라, 눈으로 보고 입으로 말하고 귀로 듣고 삶으로 살아내는 것, 또한, 삶으로 살아내기 위하여 행동하기 위하여 반복적으로 읊조림으로 몸이 기억하게 만드는 훈련 방법입니다. 육신이 음식을 먹고 힘입어 살아가는 것처럼, 우리의 영혼도 말씀을 먹고 소화해 살아가야 함도 같은 원리일 것입니다.

시편 3편에서 7편의 탄식의 노래를 지나 시편 8편은 우리로 하여금 하나님을 찬양하도록 초청하고 있습니다. 시편의 *첫 찬양시 등장입니다.

"주의 손가락으로 만드신 주의 하늘과 주께서 베풀어 두신 달과 별들을 내가 보오니" 시 8:3

하늘을 바라보세요! 해와 달과 별들이 우리에게 빛으로 인사합니다. 바람과 비와 눈이 우리를 찾아옵니다.

"사람이 무엇이기에 주께서 그를 생각하시며 인자가 무엇이기에 주께서 그를 돌보시나이까 그를 하나님보다 조금 못하게 하시고 영화와 존귀로 관을 씌우셨나이다 주의 손으로 만드신 것을 다스리게 하시고 만물을 그의 발 아래 두셨으니" 시 8:4-6

땅을 바라보세요! 만물이 우리 발아래 있습니다. 나무와 꽃들과 새와 물고기들이 우리에게 인사합니다. 각기 그들의 방식대로 모든 것이 하나님의 섭리와 명령대로 순종하며 살아갑니다.

주님, 연약한 우리들을 사랑하셔서 만물을 창조하시고, 그것들을 우리의 발아래 두시며 영화와 존귀로 관을 씌워 주시며 어여쁘다 하시는 하나님 아버지, 우리가 무엇이기에 그렇게 우리를 생각하시며 돌보아 주시는지요? 그저 감사할 따름입니다.

"여호와 우리 주여 주의 이름이 온 땅에 어찌 그리 아름다운지요 주의 영광이 하늘을 덮었나이다" 시 8:1

【 시편 9편 】 내가 전심으로 여호와께 감사하오며

다윗의 시, 인도자를 따라 뭇랍벤에 맞춘 노래

1 내가 전심으로 여호와께 감사하오며
　주의 모든 기이한 일들을 전하리이다
2 내가 주를 기뻐하고 즐거워하며
　지존하신 주의 이름을 찬송하리니
3 내 원수들이 물러갈 때에 주 앞에서 넘어져 망함이니이다
4 주께서 나의 의와 송사를 변호하셨으며
　보좌에 앉으사 의롭게 심판하셨나이다
5 이방 나라들을 책망하시고 악인을 멸하시며
　그들의 이름을 영원히 지우셨나이다
6 원수가 끊어져 영원히 멸망하였사오니
　주께서 무너뜨린 성읍들을 기억할 수 없나이다
7 여호와께서 영원히 앉으심이여
　심판을 위하여 보좌를 준비하셨도다
8 공의로 세계를 심판하심이여
　정직으로 만민에게 판결을 내리시리로다
9 여호와는 압제를 당하는 자의 요새이시요
　환난 때의 요새이시로다
10 여호와여 주의 이름을 아는 자는 주를 의지하오리니
　이는 주를 찾는 자들을 버리지 아니하심이니이다
11 너희는 시온에 계신 여호와를 찬송하며
　그의 행사를 백성 중에 선포할지어다

12 피 흘림을 심문하시는 이가 그들을 기억하심이여
　　가난한 자의 부르짖음을 잊지 아니하시도다
13 여호와여 내게 은혜를 베푸소서
　　나를 사망의 문에서 일으키시는 주여
　　나를 미워하는 자에게서 받는 나의 고통을 보소서
14 그리하시면 내가 주의 찬송을 다 전할 것이요
　　딸 시온의 문에서 주의 구원을 기뻐하리이다
15 이방 나라들은 자기가 판 웅덩이에 빠짐이여
　　자기가 숨긴 그물에 자기 발이 걸렸도다
16 여호와께서 자기를 알게 하사 심판을 행하셨음이여
　　악인은 자기가 손으로 행한 일에 스스로 얽혔도다 (힉가욘, 셀라)
17 악인들이 스올로 돌아감이여 하나님을 잊어버린
　　모든 이방 나라들이 그리하리로다
18 궁핍한 자가 항상 잊어버림을 당하지 아니함이여
　　가난한 자들이 영원히 실망하지 아니하리로다
19 여호와여 일어나사 인생으로 승리를 얻지 못하게 하시며
　　이방 나라들이 주 앞에서 심판을 받게 하소서
20 여호와여 그들을 두렵게 하시며
　　이방 나라들이 자기는 인생일 뿐인 줄 알게 하소서 (셀라)

✚ 묵상과 기도

악인의 억압과 압제 속에 다윗의 탄식은 계속됩니다. 그런데 오늘은 감사와 찬송으로 그 운을 띄웁니다. 수많은 고난의 시간들, 고통 중에 도우셨던 하나님을 다시 생각합니다.

"내가 전심으로 여호와께 감사하오며 주의 모든 기이한 일들을 전하리이다" 시 9:1

"여호와는 압제를 당하는 자의 요새이시요 환난 때의 요새이시로다 여호와여 주의 이름을 아는 자는 주를 의지하오리니 이는 주를 찾는 자들을 버리지 아니하심이니이다" 시 9:9-10

"여호와여 내게 은혜를 베푸소서 나를 사망의 문에서 일으키시는 주여 나를 미워하는 자에게서 받는 나의 고통을 보소서 그리하시면 내가 주의 찬송을 다 전할 것이요 딸 시온의 문에서 주의 구원을 기뻐하리이다" 시 9:13-14

주님, 우리는 주님밖에는 의지할 자가 없습니다. 그래서 오늘도 주님의 이름을 부르며, 주님의 도우심만을 간절히 구합니다. 구하고 찾고 두드리라고 말씀하신 주님 지금, 이 순간 주님께 구합니다. 부족한 물질을 구합니다. 채워 주옵소서. 가야 할 길을 찾습니다. 확실한 길을 찾아내게 하옵소서. 문을 두드립니다. 하늘 문을 활짝 열어서 성령의 비둘기 같은 임재와 하나님의 음성을 직접 듣게 하옵소서.

여호와여 우리에게 은혜를 베푸소서. 주님의 확실한 증거를 보이소서. 말씀과 기도가 실제가 되게 하옵소서. 오늘도 살아 역사하시는 우리 주 예수 그리스도의 이름으로 간절히 기도합니다. 아멘!

【 시편 10편 】 여호와여, 어찌하여 그토록 멀리 계십니까?
(※역본_쉬운성경)

악한 사람들에 대한 불평

1 여호와여, 어찌하여 그토록 멀리 계십니까?
 어찌하여 내가 어려움에 처했을 때에 숨어 계십니까?
2 거만하고 악한 자들이 연약한 자들을 몹시 괴롭게 합니다.
 악한 자들을 그들이 만든 함정에 빠지게 하소서.
3 악한 자들은 자기가 바라는 것을 자랑하며,
 지나치게 욕심이 많은 자들은 여호와를 배신하며 멸시합니다.
4 악하고 교만한 자들은 하나님을 찾지 않습니다.
 그들의 머릿속에는 도무지 하나님이 계시지 않습니다.
5 그런데 그들은 항상 번영하는 삶을 누리며
 주님의 가르침과는 거리가 먼 삶을 살고 있습니다.
6 그들은 속으로, "내게 나쁜 일은 하나도 일어나지 않을 거야.
 나는 절대로 실패하지 않을 거야"라고 말합니다.
7 그들의 입은 욕지거리와 거짓말, 협박하는 말들이 가득하고
 온갖 저주와 악한 말들을 내뱉습니다.
8 그들은 마을 근처에 몰래 숨어서 기다립니다.
 숲에 숨어서 기다리다가 무고한 사람들을 죽입니다.
9 그들은 사자처럼 숨어서 기다립니다.
 힘 없는 사람들을 잡아 죽이려고 숨어서 기다립니다.
 힘 없는 사람들을 그물로 잡아 질질 끌고 갑니다.
10 잡힌 자들은 짓밟히고 쓰러집니다.
 그들은 힘없이 쓰러질 뿐입니다.

11 그들은 속으로 말하기를,
"하나님께서 우리를 잊어 버리셨어. 무슨 일이 일어나고 있는지
보고 계시지 않아"라고 합니다.
12 여호와여, 일어나소서. 오 하나님이여, 주님의 손을 들어 주소서.
힘 없는 사람들을 잊지 마소서.
13 어찌하여 악한 사람들이 하나님을 업신여긴단 말입니까?
어찌하여 그들은 속으로 "하나님은 우리에게 책임을 묻지
않을 거야"라고 한단 말입니까?
14 그러나 주께서는 고통당하는 자들의 고통과 슬픔을 보고 계실 것입니다.
주께서는 그들의 고통과 슬픔을 속속들이 잘 아실 것입니다.
고통당하는 자들이 주께 도움을 구합니다.
주는 고아들을 돕는 자가 아니십니까!
15 악한 자들과 못된 자들의 팔을 꺾어 주소서.
그들의 악행을 철저하게 찾아 내어
무거운 책임을 물으시고 벌을 내려 주소서.
16 여호와께서는 영원한 왕이십니다.
주님께 대항하는 나라들은 주님의 땅에서 사라질 것입니다.
17 여호와여, 고통당하는 자들의 소원을 들어 보십시오.
그들을 격려해 주소서. 그들의 부르짖음에 귀 기울여 주소서.
18 고아들과 핍박받는 자들을 변호해 주소서.
그러면 땅의 사람들이 그들을 더 이상 공포에 몰아넣지 못할 것입니다.

✚ 묵상과 기도

"여호와여, 어찌하여 그토록 멀리 계십니까? 어찌하여 내가 어려움에 처했을 때에 숨어 계십니까?" 쉬운성경 시 10:1

"악하고 교만한 자들은 하나님을 찾지 않습니다. 그들의 머릿속에는 도무지 하나님이 계시지 않습니다." 쉬운성경 시 10:4

"여호와여, 일어나소서. 오 하나님이여, 주님의 손을 들어 주소서. 힘없는 사람들을 잊지 마소서." 쉬운성경 시 10:12

"그러나 주께서는 고통당하는 자들의 고통과 슬픔을 보고 계실 것입니다. 주께서는 그들의 고통과 슬픔을 속속들이 잘 아실 것입니다. 고통당하는 자들이 주께 도움을 구합니다. 주는 고아들을 돕는 자가 아니십니까!" 쉬운성경 시 10:14

"여호와여, 고통당하는 자들의 소원을 들어 보십시오. 그들을 격려해 주소서. 그들의 부르짖음에 귀 기울여 주소서." 쉬운성경 시 10:17

주님, 우리가 어려움에 처했을 때 멀리 계시지도 마시고, 숨어 계시지도 마시고, 지금 일어나셔서 고난 중에 있는 주의 백성들을 구해 주시고, 주님의 손을 들어 해결하여 주옵소서. 오늘도 우리의 마음속 깊은 소원을 들어주시고, 격려해 주시고, 귀 기울여 주시고 성령님 역사하여 주옵소서. 우리의 영원한 중보자 되시는 우리 주 예수 그리스도의 이름으로 간절히 기도합니다. 아멘!

【 시편 11편 】 그의 눈이 인생을 통촉하시고　(※역본_쉬운성경)

여호와를 신뢰함
다윗의 시. 지휘자를 따라 부른 노래

1 내가 여호와께 피신합니다.
  그런데 어찌하여 너희들은 나에게 이런 소리를 하는가?
  "새처럼 산으로 도망쳐라.
2 보라, 악한 자들이 사냥꾼처럼 활을 당기고, 화살을 쏘려고 한다.
  어두운 곳에서 정직한 사람들을 향해 활을 쏘고 있다.
3 터가 무너져 내리는데 의로운 사람들이 할 수 있는 일이 무엇이겠는가?"
4 여호와께서 성전에 계시며, 여호와의 보좌는 하늘 높이 있습니다.
  그리고 사람들을 눈여겨 보십니다.
  눈길을 떼시지 않고 사람들을 자세히 살피십니다.
5 여호와는 의로운 사람들을 사랑하시지만
  악한 자들과 다른 사람을 해치려는 사람들은 미워하십니다.
6 여호와는 악한 자들 위에 숯불과 유황불을 비오듯 쏟아 부을 것입니다.
  태워버리는 불바람이 그들의 운명이 될 것입니다.
7 여호와는 의로우시며, 정의를 사랑하십니다.
  정직한 사람들이 그분의 얼굴을 보게 될 것입니다.

✚ 묵상과 기도

"여호와께서는 그의 성전에 계시고 여호와의 보좌는 하늘에 있음이여 그의 눈이 인생을 통촉하시고 그의 안목이 그들을 감찰하시도다"
개역개정 시 11:4

주님, 세상은 새처럼 산으로 도망치라고 말하지만 우리는 오직 여호와께 피합니다. 매일 매일 우리를 향하여 날아오는 화살이 있습니다. 일터에서 가정에서 때론 교회에서 또 나의 내면 깊은 곳에 비수처럼 꽂혀 있는 화살도 있습니다. 그 화살이 가슴에 박혀 있으면 피도 나고 상처가 되어 다른 부분까지 문제가 됩니다. 다윗은 이런 극심한 고통과 어려움을 모두 어떻게 해결했을까요?

그는 성전에 계신 하나님께 매일 피하고 도망했습니다. 하늘 높은 보좌에 앉으신 여호와 하나님의 눈이 인생을 통촉하시고, 그의 안목이 우리를 감찰하고 계심으로 결국 문제의 해답과 도움은 하나님께 있다고 믿었습니다. 우리는 인생의 어려움을 만날 때, 인간적인 방법과 위로가 먼저 필요하다고 생각합니다. 하나님의 말씀과 교훈을 적용하는 것은 왠지 모르게 덜 인간적이라 생각합니다.

하나님께서 모든 인생을 지으시고, 그의 안목으로 감찰하시는 분이시기에, 결국 사람의 방법과 위로가 더 완전할 수 없기에, 사람을 의지하는 것이 아니요, 하나님을 의지했던 우선순위가 확실했던 다윗을 본받고 싶습니다. 하나님을 아는 만큼 하나님을 의지했던 다윗처럼, 오늘 하루도 우리의 믿음의 지경을 한 평씩 넓혀가는 우리가 되기를 소망하며, 오늘도 우리를 불꽃 같은 눈길로 바라보고 계시는 우리 주 예수 그리스도의 이름으로 간절히 기도합니다. 아멘!

【 시편 12편 】 아첨하는 입술과 자랑하는 혀

다윗의 시, 인도자를 따라 여덟째 줄에 맞춘 노래

1 여호와여 도우소서 경건한 자가 끊어지며 충실한 자들이
  인생 중에 없어지나이다.
2 그들이 이웃에게 각기 거짓을 말함이여
  아첨하는 입술과 두 마음으로 말하는도다
3 여호와께서 모든 아첨하는 입술과 자랑하는 혀를 끊으시리니
4 그들이 말하기를 우리의 혀가 이기리라
  우리 입술은 우리 것이니 우리를 주관할 자 누구리요 함이로다
5 여호와의 말씀에 가련한 자들의 눌림과
  궁핍한 자들의 탄식으로 말미암아 내가 이제 일어나
  그를 그가 원하는 안전한 지대에 두리라 하시도다
6 여호와의 말씀은 순결함이여 흙 도가니에 일곱 번 단련한 은 같도다
7 여호와여 그들을 지키사 이 세대로부터 영원까지 보존하시리이다
8 비열함이 인생 중에 높임을 받는 때에 악인들이 곳곳에서 날뛰는도다

✚ 묵상과 기도

"그들이 이웃에게 각기 거짓을 말함이여 아첨하는 입술과 두 마음으로
 말하는도다" 시 12:2

우리 입술의 혀는 스스로 제어하기가 매우 힘듭니다. 왜일까요? 말은 마음과 생각에서 나옵니다. 그럼, 마음과 생각은 어떻게 만들어져서 우리의 말과 행동을 움직이게 하는 걸까요? 참으로 궁금합니다. 분명한 것은, 여호와께서 거짓을 말하는 자, 아첨하는 입술, 자랑하는 혀, 두 마음으로 말하는 자의 혀를 끊으신다고 하십니다. 단호하고 무섭습니다. 4절 말씀에는 "우리의 혀가 이기리라" 곧 내 말이 내 생각이 하나님 앞에서 맞다고 주장하는 것, "내가 내 뜻대로 말하는데 누가 나를 주장하겠는가?" 하는 자들은 결국 하나님의 주권을 인정하지 않는 자들이요, 악인이고 죄인이고 대적하는 자임을 늘 기억하게 하옵소서.

또한 우리는 두 마음을 품고 이야기할 때가 많습니다. 나의 지식과 경험과 판단으로 비판하고 잘못되었다고 주장합니다. 먼저 내 뾰족한 자아가 반응합니다. 우리가 비판하는 상대의 의견이 하나님의 뜻이고 생각이라고 한다면 어떻게 될까요?
　오늘은 다윗을 괴롭히던 입술이 악한 자들이 우리들 자신의 모습이 아니있는지 바라보게 하심을 감사드립니다.

우리 입술의 말과 행동을 늘 바라보고 계신 아버지 앞에서, 우리의 연약한 말과 행동으로 주님의 마음을 불편케 하였던 시간을 고백하고 회개하오니 용서하여 주옵소서.

주님, 그의 나라와 그의 의를 위하여 함께 동역하고 수고하는 목사님과 교역자들을 먼저 사랑의 눈으로 바라보게 하시고, 비판과 불평이 아닌 믿음과 감사의 고백을 통해, 함께 지어져 가는 아름다운 교회 공동체가 될 수 있도록 성령님 도우시고, 함께하여 주옵소서. 오늘도 우리를 주님의 안전지대로 인도하시는 우리 주 예수 그리스도의 이름으로 간절히 기도합니다. 아멘!

【 시편 13편 】 나의 원수들이 "내가 이겼다" 말하지 못하게 하소서
(※역본_쉬운성경)

하나님께 가까이 와 달라는 기도
다윗의 시. 지휘자를 따라 부른 노래

1 여호와여! 언제까지 나를 잊고 계실 것입니까?
  언제까지 숨어 계실 것입니까?
2 언제까지 내가 걱정해야 합니까?
  언제까지 내가 날마다 슬퍼해야 됩니까?
  언제까지 원수가 나를 보고 우쭐대어야 한단 말입니까?
3 오 주님, 나의 하나님이시여,
  나를 보시고 내게 대답해 주소서.
  내 눈을 밝혀 주소서.
  그렇지 않으면 나는 죽음의 잠을 잘 것입니다.
4 나의 원수들이 "내가 이겼다!"라고
  말하지 못하게 해 주소서.
  내가 쓰러질 때, 나의 원수들이 기뻐할 것입니다.
5 나는 주의 변함없는 사랑을 믿습니다.
  내 마음이 주님의 구원을 기뻐합니다.
6 내가 여호와를 노래할 것입니다.
  왜냐하면 여호와께서 내게 은혜를 베푸셨기 때문입니다.

✚ **묵상과 기도**

"나는 오직 주의 사랑을 의지하였사오니 나의 마음은 주의 구원을 기뻐하리이다 내가 여호와를 찬송하리니 이는 주께서 내게 은덕을 베푸심이로다" 개역개정 시 13:5-6

모든 상황과 탄식의 내용들은 매번 달라도 그 표현의 흐름은 같습니다. 다윗은 오늘도 여호와 하나님을 애타게 부르며 심경을 토로합니다. 이 시편 13편은 다윗이 원수의 공격으로 죽음 앞에 놓인 긴박한 상황입니다. 다윗처럼 눈앞에 생명을 해하려는 육신의 위협도 있지만, 오늘 우리에게는 보이지 않는 영적 위협도 있습니다. 마귀, 사탄, 악한 영의 공격입니다. 그들은 우리가 고난 가운데 있을 때 더욱더 강력하게 다가옵니다. 이것이 바로 영적 전쟁입니다.

그래서 다윗은 많은 탄식 가운데에서도 대적들(마귀들)이 "내가 이겼다" 말하지 못하게 해 달라고 간청합니다. 내가 쓰러지고 넘어질 때 원수들이 기뻐할 그 꼴을 보기 싫어합니다.

우리도 마찬가지입니다. 대적 마귀에게 지고 싶지 않습니다. 이기고 싶습니다. 이길 수 있습니다. 왜냐하면 여호와께서 우리에게 은혜를 베푸시기 때문입니다.

주님, 오늘도 오직 주의 사랑을 의지하여 기도하오니 다윗처럼 영적 전쟁에서 승리하게 하시고, 기쁨으로 승리의 찬가를 부르게 하옵소서! '여호와 닛시' 승리의 그 이름, 우리 주 예수 그리스도의 이름으로 간절히 기도합니다. 아멘!

【 시편 14편 】 여호와께서 하늘에서 인생을 굽어살피사
(※역본_쉬운성경)

실질적 무신론자들
다윗의 시. 지휘자를 따라 부른 노래

1 어리석은 자는 마음속으로 말하기를, "하나님은 없다"라고 합니다.
  그들의 행위는 더럽고 썩었으며,
  선한 일을 행하는 사람이 아무도 없습니다.
2 여호와께서 하늘에서 땅의 사람들을 굽어보시니,
  지혜로운 사람이 있는지 하나님을 찾는 사람이 있는지
  살펴보고자 하심입니다.
3 그러나 모든 사람들이 뒤돌아서서 잘못된 길로 갔습니다.
  그들 모두가 썩은 것입니다. 선한 일을 하는 사람이 하나도 없습니다.
4 악한 자들이 언제쯤 깨닫겠습니까?
  그들은 내 백성을 빵 먹어 치우듯이 먹어 버리고,
  여호와를 부르지 않습니다.
5 그러나 악한 자들은 두려워 떨 것입니다.
  왜냐하면 하나님께서 의롭게 사는 사람들과 함께하시기 때문입니다.
6 저희 악한 자들은 가난한 사람들의 계획들을 방해하려 하지만
  여호와께서는 가난한 사람들의 피난처가 되십니다.
7 이스라엘을 위한 구원이 시온으로부터 올 것입니다!
  여호와께서 그의 백성의 운명을 회복시키실 때에
  야곱은 즐거워할 것이고, 이스라엘은 기뻐할 것입니다.

✚ 묵상과 기도

"여호와께서 하늘에서 인생을 굽어살피사 지각이 있어 하나님을 찾는 자가 있는가 보려 하신즉 다 치우쳐 함께 더러운 자가 되고 선을 행하는 자가 없으니 하나도 없도다" 개역개정 시 14:2-3

우리는 항상 지혜로운 사람이 되기를 원합니다. 실제적 지혜란 무엇일까요? 성경에는 여호와를 경외함이 지혜라고 말합니다. 여호와를 알고, 그의 백성답게 사는 것을 통해 하나님이 드러나는 것이 여호와 경외함입니다. 경외함의 정도만큼 우리의 행동도 정제될 것입니다.

성경은 하나님과 인생의 이야기입니다. 수천 년 동안 그들의 삶 가운데 찾아오신 하나님과의 실제적인 관계의 이야기입니다. 그 이야기는 계속 이어지고 있으며, 그 이야기 끝에는 우리의 페이지도 있습니다. 그 페이지의 주인공은 바로 나입니다.

여호와께서 오늘도 하늘에서 인생을 굽어살피고 계십니다. 하나님의 말씀을 믿고 따르는 지각 있는 자, 지혜로운 자를 하나님은 찾으십니다. 그런 하나님께 손을 흔들어 보세요. 주님 제가 여기 있습니다.

"너희 중에 누구든지 지혜가 부족하거든 모든 사람에게 후히 주시고 꾸짖지 아니하시는 하나님께 구하라 그리하면 주시리라"
개역개정 약 1:5

주님, 우리에게 부족한 지혜를 부어 주시어, 하나님을 경외하며 말씀 대로 살아내는 참 지혜의 삶을 살아가게 하옵소서. 지혜의 왕, 우리 주 예수 그리스도의 이름으로 간절히 기도합니다. 아멘!

【 시편 15편 】 하나님께서 명령하시는 것   (※역본_쉬운성경)

하나님께서 명령하시는 것
다윗의 시

1 여호와여, 주님의 거룩한 장막에 살 자가 누구입니까?
   주님의 거룩한 산에 살자가 누구입니까?
2 깨끗하게 살고, 옳은 일을 행하며,
   마음으로부터 진실만을 말하고,
3 입으로 다른 사람을 모함하지 않는 사람입니다.
   이웃에게 해를 끼치지 않고, 이웃을 모욕하지 않는 사람입니다.
4 악한 자들을 경멸하되
   여호와를 두려워하는 이들을 높이는 사람입니다.
   손해가 나더라도 맹세를 지키는 사람입니다.
5 많은 이자를 받고 돈을 꾸어 주거나
   죄 없는 사람을 뇌물을 받고 억울하게 하는 사람이 아닙니다.
   이렇게 사는 사람은 영원히 흔들리지 않을 것입니다.

✚ 묵상과 기도

　시편 15편의 표제어를 주목해 보세요. 쉬운 성경의 표제어는 "하나님께서 명령하시는 것"이라고 쓰여있습니다.
　하나님의 거룩한 장막에 거하기 위해서, 거룩한 주님과 교제하기 위해서는 갖추어야 할 조건이 있습니다. 그것을 주님은 친절하게 말씀하여 주십니다.

　깨끗하게 살고, 옳은 일을 행하며, 마음이 진실하여 진실만을 말하고, 입으로 다른 사람을 모함하지 않으며, 이웃에게 해를 끼치지 않는 삶! 결국 삶 속에서 하나님의 성품을 드러내는 자입니다. 이렇게 사는 사람은 영원히 흔들리지 않을 것이라 말씀하십니다.

　주님, 오늘도 명령하신 말씀을 가슴에 새기며, 몸으로 실천하며, 하나님을 사랑하기에 이웃도 사랑할 수 있는 선하고 아름다운 그리스도의 제자로, 예수님 닮아가게 하옵소서. 영광의 소망이신 우리 주 예수 그리스도의 이름으로 간절히 기도합니다. 아멘!

【 시편 16편 】 여호와는 나의 산업과 나의 잔의 소득이시니

다윗의 믹담

1 하나님이여 나를 지켜주소서 내가 주께 피하나이다
2 내가 여호와께 아뢰되 주는 나의 주님이시오니
　주 밖에는 나의 복이 없다 하였나이다.
3 땅에 있는 성도들은 존귀한 자들이니
　나의 모든 즐거움이 그들에게 있도다
4 다른 신에게 예물을 드리는 자는 괴로움이 더할 것이라
　나는 그들이 드리는 피의 전제를 드리지 아니하며
　내 입술로 그 이름도 부르지 아니하리로다
5 여호와는 나의 산업과 나의 잔의 소득이시니
　나의 분깃을 지키시나이다
6 내게 줄로 재어 준 구역은 아름다운 곳에 있음이여
　나의 기업이 실로 아름답도다
7 나를 훈계하신 여호와를 송축할지라 밤마다 내 양심이 나를 교훈하도다
8 내가 여호와를 항상 내 앞에 모심이여
　그가 나의 오른쪽에 계시므로 내가 흔들리지 아니하리로다
9 이러므로 나의 마음이 기쁘고 나의 영도 즐거워하며
　내 육체도 안전히 살리니
10 이는 주께서 내 영혼을 스올에 버리지 아니하시며
　주의 거룩한 자를 멸망시키지 않으실 것임이니이다
11 주께서 생명의 길을 내게 보이시리니 주의 앞에는 충만한 기쁨이 있고
　주의 오른쪽에는 영원한 즐거움이 있나이다

✚ **묵상과 기도**

내가 받을 세상의 유산은 얼마나 될까요? 또 내가 받은 내적 유산은 무엇입니까? 유산은 부모로부터 혹은 다른 사람으로부터 주어지는 것입니다. 받는 사람이 그 규모를 결정할 수 있는 것이 아닙니다.

다윗은 이새의 일곱 번째 막내아들이었습니다. 사무엘이 이새의 집을 찾아왔을 때, 모든 형들은 집에서 사무엘을 맞이하였지만, 다윗만은 홀로 양을 치고 있었습니다. 다윗이 집에서 어떤 존재였는지 알 수 있는 장면입니다. 하지만 하나님은 그런 다윗에게 기름을 부으셨고, 이스라엘의 왕으로 삼으셨습니다. 다윗은 하나님이 나의 유산이며 하나님께 빛나는 유산을 물려받았다고 고백합니다.

"여호와는 나의 산업과 나의 잔의 소득이시니 나의 분깃을 지키시나이다 내게 줄로 재어 준 구역은 아름다운 곳에 있음이여 나의 기업이 실로 아름답도다" 시 16:5-6

"내가 여호와를 항상 내 앞에 모심이여 그가 나의 오른쪽에 계시므로 내가 흔들리지 아니하리로다 이러므로 나의 마음이 기쁘고 나의 영도 즐거워하며 내 육체도 안전히 살리니" 시 16:8-9

내적 유산도 자랑하고 있는 다윗입니다. 마음이 늘 기쁘고 영도 즐거움으로 가득 차서 그의 몸과 마음도 늘 평안합니다. 하나님의 유산은 모든 것이 완전합니다.

【 시편 17편 】 주께서 내 마음을 시험하시고

다윗의 기도

1 여호와여 의의 호소를 들으소서 나의 울부짖음에 주의하소서
  거짓 되지 아니한 입술에서 나오는 나의 기도에 귀를 기울이소서
2 주께서 나를 판단하시며 주의 눈으로 공평함을 살피소서
3 주께서 내 마음을 시험하시고 밤에 내게 오시어서
  나를 감찰하셨으나 흠을 찾지 못하셨사오니
  내가 결심하고 입으로 범죄하지 아니하리이다
4 사람의 행사로 논하면 나는 주의 입술의 말씀을 따라
  스스로 삼가서 포악한 자의 길을 가지 아니하였사오며
5 나의 걸음이 주의 길을 굳게 지키고 실족하지 아니하였나이다.
6 하나님이여 내게 응답하시겠으므로 내가 불렀사오니
  내게 귀를 기울여 내 말을 들으소서
7 주께 피하는 자들을 그 일어나 치는 자들에게서
  오른손으로 구원하시는 주여 주의 기이한 사랑을 나타내소서
8 나를 눈동자 같이 지키시고 주의 날개 그늘 아래에 감추사
9 내 앞에서 나를 압제하는 악인들과 나의 목숨을 노리는
  원수들에게서 벗어나게 하소서
10 그들의 마음은 기름에 잠겼으며
   그들의 입은 교만하게 말하나이다
11 이제 우리가 걸어가는 것을 그들이 에워싸서 노려보고
   땅에 넘어뜨리려 하나이다
12 그는 그 움킨 것을 찢으려 하는 사자 같으며
   은밀한 곳에 엎드린 젊은 사자 같으니이다

13 여호와여 일어나 그를 대항하여 넘어뜨리시고
　　주의 칼로 악인에게서 나의 영혼을 구원하소서
14 여호와여 이 세상에 살아 있는 동안 그들의 분깃을 받은
　　사람들에게서 주의 손으로 나를 구하소서
　　그들은 주의 재물로 배를 채우고 자녀로 만족하고
　　그들의 남은 산업을 그들의 어린 아이들에게 물려 주는 자니이다
15 나는 의로운 중에 주의 얼굴을 뵈오리니
　　깰 때에 주의 형상으로 만족하리이다.

✚ 묵상과 기도

다윗은 하나님 앞에 당당합니다(1절~5절). 의의 호소, 거짓 되지 아니한 입술을 주께서 판단하시고 공평함을 살펴보시라고 외칩니다. 자신의 마음을 시험하시고 감찰하셔도 흠을 찾지 못하실 것이라 장담합니다. 입으로 죄를 범하지 않았고, 주의 말씀을 따라 포악한 사람의 길을 따르지 않았다고 말합니다.

주님의 마음에 합한 자였던 다윗의 이런 모습을 좋아하신 건가요? 아버지 앞에서 자신의 마음과 감정과 행동의 당당함을 그 모습 그대로 드러내고, 아버지를 시시때때로 부르고, 찾고, 요구하고, 마치 하나님이 다윗의 바로 앞에 계신 것처럼 말하고 행동하고 있습니다.

원수들 때문에 괴로워하며 탄식하다가도, 주님의 이름을 부르기만 하면 힘이 솟나 봅니다. 주님의 이름이 등장하면 언제였냐는 듯이 기뻐하고 있습니다. 아버지를 생각하면 분노 게이지가 뚝 떨어집니다. 내면에 안정이 찾아옵니다. 고난도 이길 힘이 생깁니다. 역시 평강의 왕이십니다. 그 이름만 불러도 평강으로 역사하십니다.

쉬운성경 번역으로 5절과 15절 말씀을 이렇게 표현했습니다.

"나는 주께서 가라고 하신 길로만 갔고, 곁길로 간 적이 없습니다."

쉬운성경 시 17:5

"그리고 나는 떳떳하게 주님의 얼굴을 바라볼 것입니다. 이 밤이 지나 깨어날 때에 나는 주님의 모습을 보는 것으로 만족할 것입니다."
쉬운성경 시 17:15

다윗의 당당한 고백이 나와 우리의 고백이 되길 간절히 바라며, 오늘도 우리를 눈동자 같이 지키시고 주의 날개 그늘 아래에 감추사, 사는 날의 모든 시간 동안 주님을 늘 바라보며 주님만으로 만족하는 삶 살아가게 하옵소서. 우리가 늘 평안하기를 바라시는 평강의 왕, 우리 주 예수 그리스도의 이름으로 간절히 기도합니다. 아멘!

【 시편 18편 】 내 손이 깨끗한 만큼 내게 갚으셨도다

여호와의 종 다윗의 시, 인도자를 따라 부르는 노래,
여호와께서 다윗을 그 모든 원수들의 손에서와 사울의 손에서
건져 주신 날에 다윗이 이 노래의 말로 여호와께 아뢰어 이르되

1 나의 힘이신 여호와여 내가 주를 사랑하나이다
2 여호와는 나의 반석이시요 나의 요새시요
　나를 건지시는 이시요 나의 하나님이시요
　내가 그 안에 피할 나의 바위시요 나의 방패시요
　나의 구원의 뿔이시요 나의 산성이시로다
3 내가 찬송 받으실 여호와께 아뢰리니
　내 원수들에게서 구원을 얻으리로다
4 사망의 줄이 나를 얽고 불의의 창수가 나를 두렵게 하였으며
5 스올의 줄이 나를 두르고 사망의 올무가 내게 이르렀도다
6 내가 환난 중에서 여호와께 아뢰며 나의 하나님께 부르짖었더니
　그가 그의 성전에서 내 소리를 들으심이여
　그의 앞에서 나의 부르짖음이 그의 귀에 들렸도다
7 이에 땅이 진동하고 산들의 터도 요동하였으니
　그의 진노로 말미암음이로다
8 그의 코에서 연기가 오르고 입에서 불이 나와 사름이여
　그 불에 숯이 피었도다
9 그가 또 하늘을 드리우시고 강림하시니 그의 발 아래는 어두캄캄하도다
10 그룹을 타고 다니심이여 바람 날개를 타고 높이 솟아오르셨도다
11 그가 흑암을 그의 숨는 곳으로 삼으사
　장막 같이 자기를 두르게 하심이여
　곧 물의 흑암과 공중의 **빽빽한** 구름으로 그리하시도다

12 그 앞에 광채로 말미암아 빽빽한 구름이 지나며
　　우박과 숯불이 내리도다
13 여호와께서 하늘에서 우렛소리를 내시고
　　지존하신 이가 음성을 내시며 우박과 숯불을 내리시도다
14 그의 화살을 날려 그들을 흩으심이여
　　많은 번개로 그들을 깨뜨리셨도다
15 이럴 때에 여호와의 꾸지람과 콧김으로 말미암아
　　물 밑이 드러나고 세상의 터가 나타났도다
16 그가 높은 곳에서 손을 펴사 나를 붙잡아 주심이여
　　많은 물에서 나를 건져내셨도다
17 나를 강한 원수와 미워하는 자에게서 건지셨음이여
　　그들은 나보다 힘이 세기 때문이로다
18 그들이 나의 재앙의 날에 내게 이르렀으나
　　여호와께서 나의 의지가 되셨도다
19 나를 넓은 곳으로 인도하시고 나를 기뻐하시므로
　　나를 구원하셨도다
20 여호와께서 내 의를 따라 상 주시며
　　내 손의 깨끗함을 따라 내게 갚으셨으니
21 이는 내가 여호와의 도를 지키고
　　악하게 내 하나님을 떠나지 아니하였으며
22 그의 모든 규례가 내 앞에 있고
　　내게서 그의 율례를 버리지 아니하였음이로다
23 또한 나는 그의 앞에 완전하여
　　나의 죄악에서 스스로 자신을 지켰나니
24 그러므로 여호와께서 내 의를 따라 갚으시되
　　그의 목전에서 내 손이 깨끗한 만큼 내게 갚으셨도다

25 자비로운 자에게는 주의 자비로우심을 나타내시며
　완전한 자에게는 주의 완전하심을 보이시며
26 깨끗한 자에게는 주의 깨끗하심을 보이시며
　사악한 자에게는 주의 거스르심을 보이시리니
27 주께서 곤고한 백성은 구원하시고 교만한 눈은 낮추시리이다
28 주께서 나의 등불을 켜심이여 여호와 내 하나님이
　내 흑암을 밝히시리이다
29 내가 주를 의뢰하고 적군을 향해 달리며
　내 하나님을 의지하고 담을 뛰어넘나이다
30 하나님의 도는 완전하고 여호와의 말씀은 순수하니
　그는 자기에게 피하는 모든 자의 방패시로다
31 여호와 외에 누가 하나님이며 우리 하나님 외에 누가 반석이냐
32 이 하나님이 힘으로 내게 띠 띠우시며 내 길을 완전하게 하시며
33 나의 발을 암사슴 발 같게 하시며 나를 나의 높은 곳에 세우시며
34 내 손을 가르쳐 싸우게 하시니 내 팔이 놋 활을 당기도다
35 또 주께서 주의 구원하는 방패를 내게 주시며
　주의 오른손이 나를 붙들고 주의 온유함이 나를 크게 하셨나이다
36 내 걸음을 넓게 하셨고 나를 실족하지 않게 하셨나이다
37 내가 내 원수를 뒤쫓아가리니 그들이 망하기 전에는
　돌아서지 아니하리이다
38 내가 그들을 쳐서 능히 일어나지 못하게 하리니
　그들이 내 발아래에 엎드러지리이다
39 주께서 나를 전쟁하게 하려고 능력으로 내게 띠 띠우사
　일어나 나를 치는 자들이 내게 굴복하게 하셨나이다
40 또 주께서 내 원수들에게 등을 내게로 향하게 하시고
　나를 미워하는 자들을 내가 끊어 버리게 하셨나이다

41 그들이 부르짖으나 구원할 자가 없었고
　여호와께 부르짖어도 그들에게 대답하지 아니하셨나이다
42 내가 그들을 바람 앞에 티끌 같이 부서뜨리고
　거리의 진흙 같이 쏟아 버렸나이다
43 주께서 나를 백성의 다툼에서 건지시고
　여러 민족의 으뜸으로 삼으셨으니
　내가 알지 못하는 백성이 나를 섬기리이다
44 그들이 내 소문을 들은 즉시로 내게 청종함이여
　이방인들이 내게 복종하리로다
45 이방 자손들이 쇠잔하여 그 견고한 곳에서 떨며 나오리로다
46 여호와는 살아 계시니 나의 반석을 찬송하며
　내 구원의 하나님을 높일지로다
47 이 하나님이 나를 위하여 보복해 주시고
　민족들이 내게 복종하게 해 주시도다
48 주께서 나를 내 원수들에게서 구조하시니
　주께서 나를 대적하는 자들의 위에 나를 높이 드시고
　나를 포악한 자에게서 건지시나이다
49 여호와여 이러므로 내가 이방 나라들 중에서
　주께 감사하며 주의 이름을 찬송하리이다
50 여호와께서 그 왕에게 큰 구원을 주시며
　기름 부음 받은 자에게 인자를 베푸심이여
　영원토록 다윗과 그 후손에게로다

✚ 묵상과 기도

다윗은 왕입니다. 시편의 절반이나 되는 다윗의 시는 참으로 위대합니다. 한 나라의 왕인 다윗은 하나님을 왕인 자신보다 더욱 진정한 왕으로 여기며 수많은 노래와 시를 지어 왕께 올려드리고 있습니다. 자신을 그의 종으로 여기면서요.

우리가 만일 세상의 가장 위대한 자리에 앉아 있다고 한다면 어떨까요? 다윗처럼 행동할 수 있을까요? 우리는 우리가 거하는 가정, 교회, 일터에서 낮아짐을 참지 못합니다. 그래서 때때로 참았던 감정이 폭발하기도 하지요. 그런 우리에게 다윗의 고백이 들립니다.

"그러므로 여호와께서 내 의를 따라 갚으시되 그의 목전에서 내 손이 깨끗한 만큼 내게 갚으셨도다" 시 18:24 꼭 그만큼만 갚으시나 봅니다. 내가 세상에서 자비하면 하나님의 자비로우심을 나타내시고, 완전한 자에게 주의 완전하심을 보이시며, 깨끗한 자에게는 주의 깨끗함을 보이시고, 사악한 자에게는 주의 거스르심을 보이신다고 합니다.

우리는 하나님 앞에서 우리의 어떤 면이, 어떤 성품이 가장 자신 있다고 말할 수 있을까요? 스스로에게 질문해 보면 좋을 것 같습니다.

주님, 자비하신 하나님을 바란다면 내 안에 자비의 등불을 켜게 하시고, 하나님의 완전하심을 바란다면 내 안에 완전한 행위의 등불을 밝혀, 하나님의 빛이 우리를 통과하여 세상에 반사해 내는 영광의 반사체로 살아가게 하옵소서. 그런 우리에게 주님께서는 더 환한 밝은 빛으로 역사하실 것을 믿으며, 우리들의 밝은 빛 우리 주 예수 그리스도의 이름으로 간절히 기도합니다. 아멘!

【 시편 19편 】 날은 날에게 말하고 밤은 밤에게 지식을 전하니

다윗의 시, 인도자를 따라 부르는 노래

1 하늘이 하나님의 영광을 선포하고
　궁창이 그의 손으로 하신 일을 나타내는도다
2 날은 날에게 말하고 밤은 밤에게 지식을 전하니
3 언어도 없고 말씀도 없으며 들리는 소리도 없으나
4 그의 소리가 온 땅에 통하고 그의 말씀이 세상 끝까지 이르도다
　하나님이 해를 위하여 하늘에 장막을 베푸셨도다
5 해는 그의 신방에서 나오는 신랑과 같고
　그의 길을 달리기 기뻐하는 장사 같아서
6 하늘 이 끝에서 나와서 하늘 저 끝까지 운행함이여
　그의 열기에서 피할 자가 없도다
7 여호와의 율법은 완전하여 영혼을 소성시키며
　여호와의 증거는 확실하여 우둔한 자를 지혜롭게 하며
8 여호와의 교훈은 정직하여 마음을 기쁘게 하고
　여호와의 계명은 순결하여 눈을 밝게 하시도다
9 여호와를 경외하는 도는 정결하여 영원까지 이르고
　여호와의 법도 진실하여 다 의로우니
10 금 곧 많은 순금보다 더 사모할 것이며 꿀과 송이꿀보다 더 달도다
11 또 주의 종이 이것으로 경고를 받고 이것을 지킴으로 상이 크니이다
12 자기 허물을 능히 깨달을 자 누구리요
　나를 숨은 허물에서 벗어나게 하소서

13 또 주의 종에게 고의로 죄를 짓지 말게 하사
그 죄가 나를 주장하지 못하게 하소서
그리하면 내가 정직하여 큰 죄과에서 벗어나겠나이다
14 나의 반석이시요 나의 구속자이신 여호와여
내 입의 말과 마음의 묵상이 주님 앞에 열납되기를 원하나이다

✚ 묵상과 기도

*시편 19편의 장르는 토라 시편이며, 대표적인 토라 시편으로는 시편 1편, 19편, 119편이 있습니다. 토라 시편은 하나님이 주신 율법에 대한 감사와 감격을 시로 표현하며, 하나님이 계시하시는 하나님의 뜻과 행하심 그리고 하나님의 말씀이 그 주된 내용을 이루고 있습니다.

창조주 하나님을 찬양합니다. 언어도 없고 소리도 없으나, 하나님의 소리가 온 땅에 통하고 있습니다. 그의 말씀이 이 세상 끝까지 이르고 있습니다. 하나님이 해를 지으시고 그에게 하늘 장막에서 일하게 하시고, 해는 마치 신랑이 신방에서 나오는 것같이 기쁘고 즐겁게 일합니다. 동에서 서로 운행하며 임무를 수행합니다. 그의 빛에서 피할 자는 세상에 아무도 없습니다. 이것이 바로 창조의 확실한 증거입니다.

주님, 여호와의 율법과 섭리는 완전하여 영혼을 소성시키고, 여호와의 증거는 확실하여 오늘도 해가 떴습니다. 하나님의 확실한 증거로 우리의 눈을 열어 주시고, 지혜로운 감각과 지각을 갖게 하옵소서. 지혜로 모든 만물을 창조하신 우리 주 예수 그리스도의 이름으로 간절히 기도합니다. 아멘!

【 시편 20편 】 우리 하나님의 이름으로 우리의 깃발을 세우리니

다윗의 시, 인도자를 따라 부르는 노래

1 환난 날에 여호와께서 네게 응답하시고
  야곱의 하나님의 이름이 너를 높이 드시며
2 성소에서 너를 도와주시고 시온에서 너를 붙드시며
3 네 모든 소제를 기억하시며
  네 번제를 받아 주시기를 원하노라 (셀라)
4 네 마음의 소원대로 허락하시고
  네 모든 계획을 이루어 주시기를 원하노라
5 우리가 너희 승리로 말미암아 개가를 부르며
  우리 하나님의 이름으로 우리의 깃발을 세우리니
  여호와께서 네 모든 기도를 이루어 주시기를 원하노라
6 여호와께서 자기에게 기름 부음 받은 자를 구원하시는 줄
  이제 내가 아노니 그의 오른손의 구원하는 힘으로
  그의 거룩한 하늘에서 그에게 응답하시리로다
7 어떤 사람은 병거, 어떤 사람은 말을 의지하나
  우리는 여호와 우리 하나님의 이름을 자랑하리로다
8 그들은 비틀거리며 엎드러지고 우리는 일어나 바로 서도다
9 여호와여 왕을 구원하소서 우리가 부를 때에 우리에게 응답하소서

✚ 묵상과 기도

"우리가 너희 승리로 말미암아 개가를 부르며 우리 하나님의 이름으로 우리의 깃발을 세우리니 여호와께서 네 모든 기도를 이루어 주시기를 원하노라" 시 20:5

환날 날에 응답하시고, 높이 드시며, 도와주시고, 붙드시며, 기억하시며, 받아주시는 하나님만을 찬양합니다. 우리 마음의 소원과 계획을 아시는 주님께서 우리와 함께 이루어 가실 것을 바라보며, 오늘도 기대함으로 기도하오니 승리의 기쁨을 누리게 하옵소서.

세상의 것 의지하지 않고 오직 여호와 하나님만 의지하고 자랑하오니, 오늘 하루도 우리의 영과 육을 일으키시어 주의 완전한 구원 앞에 바로 서게 하옵소서.

모든 주의 자녀의 기도에 응답하여 주시고, 성령의 기름을 충만히 부어 주옵소서. 승리와 영광의 이름 우리 주 예수 그리스도의 이름으로 간절히 기도합니다. 아멘!

【 시편 21편 】 주의 힘으로 말미암아 기뻐하며

다윗의 시, 인도자를 따라 부르는 노래

1 여호와여 왕이 주의 힘으로 말미암아 기뻐하며
　주의 구원으로 말미암아 크게 즐거워하리이다
2 그의 마음의 소원을 들어 주셨으며
　그의 입술의 요구를 거절하지 아니하셨나이다 (셀라)
3 주의 아름다운 복으로 그를 영접하시고
　순금 관을 그의 머리에 씌우셨나이다
4 그가 생명을 구하매 주께서 그에게 주셨으니
　곧 영원한 장수로소이다
5 주의 구원이 그의 영광을 크게 하시고
　존귀와 위엄을 그에게 입히시나이다
6 그가 영원토록 지극한 복을 받게 하시며
　주 앞에서 기쁘고 즐겁게 하시나이다
7 왕이 여호와를 의지하오니
　지존하신 이의 인자함으로 흔들리지 아니하리이다
8 왕의 손이 왕의 모든 원수들을 찾아냄이여
　왕의 오른손이 왕을 미워하는 자들을 찾아내리로다
9 왕이 노하실 때에 그들을 풀무불 같게 할 것이라
　여호와께서 진노하사 그들을 삼키시리니
　불이 그들을 소멸하리로다
10 왕이 그들의 후손을 땅에서 멸함이여
　그들의 자손을 사람 중에서 끊으리로다

11 비록 그들이 왕을 해하려 하여 음모를 꾸몄으나
   이루지 못하도다
12 왕이 그들로 돌아서게 함이여
   그들의 얼굴을 향하여 활시위를 당기리로다
13 여호와여 주의 능력으로 높임을 받으소서
   우리가 주의 권능을 노래하고 찬송하게 하소서

✚ 묵상과 기도

"여호와여 왕이 주의 힘으로 말미암아 기뻐하며 주의 구원으로 말미암아 크게 즐거워하리이다 그의 마음의 소원을 들어 주셨으며 그의 입술의 요구를 거절하지 아니하셨나이다"(셀라) 시 21:1-2

우리를 사랑하시고 구원하시고 함께하시는 임마누엘의 하나님을 찬양합니다. 오늘도 시편 말씀을 입으로 읽고 귀로 듣고 마음으로 받아들일 수 있도록 나누고 기도하게 하심을 감사를 드립니다.

신약에서 가장 많이 인용되었던 시편 말씀을 통하여, 하나님과 우리의 관계가 더욱 깊어지기를 바라며, 아름다운 시와 노래가 우리 모두의 신앙 고백이 되게 하옵소서. 다윗이 하나님을 바라고 노래했던 그 마음, 그 절실함 그대로 우리도 주님께 고백하게 하시고, 다윗이 만나고 체험했던 구원의 하나님을, 그의 일하심의 역사를 우리도 동일하게 경험하게 하옵소서.

여호와를 기뻐하는 것이 우리에게 가장 강력한 힘이고 무기임을 늘 기억하며, 우리를 매일매일 구원하시는 우리 주 예수 그리스도의 이름으로 간절히 기도합니다. 아멘!

【 시편 22편 】 나는 벌레요 사람이 아니라

다윗의 시, 인도자를 따라 아앨렛샤할에 맞춘 노래

1 내 하나님이여 내 하나님이여 어찌 나를 버리셨나이까
  어찌 나를 멀리 하여 돕지 아니하시오며
  내 신음 소리를 듣지 아니하시나이까
2 내 하나님이여 내가 낮에도 부르짖고
  밤에도 잠잠하지 아니하오나 응답하지 아니하시나이다
3 이스라엘의 찬송 중에 계시는 주여 주는 거룩하시니이다
4 우리 조상들이 주께 의뢰하고 의뢰하였으므로
  그들을 건지셨나이다
5 그들이 주께 부르짖어 구원을 얻고
  주께 의뢰하여 수치를 당하지 아니하였나이다
6 나는 벌레요 사람이 아니라
  사람의 비방거리요 백성의 조롱거리니이다
7 나를 보는 자는 다 나를 비웃으며
  입술을 비쭉거리고 머리를 흔들며 말하되
8 그가 여호와께 의탁하니 구원하실 걸
  그를 기뻐하시니 건지실 걸 하나이다
9 오직 주께서 나를 모태에서 나오게 하시고
  내 어머니의 젖을 먹을 때에 의지하게 하셨나이다
10 내가 날 때부터 주께 맡긴 바 되었고
   모태에서 나올 때부터 주는 나의 하나님이 되셨나이다
11 나를 멀리 하지 마옵소서 환난이 가까우나 도울 자 없나이다

12 많은 황소가 나를 에워싸며
　　바산의 힘센 소들이 나를 둘러쌌으며
13 내게 그 입을 벌림이 찢으며 부르짖는 사자 같으니이다
14 나는 물 같이 쏟아졌으며 내 모든 **뼈**는 어그러졌으며
　　내 마음은 밀랍 같아서 내 속에서 녹았으며
15 내 힘이 말라 질그릇 조각 같고 내 혀가 입천장에 붙었나이다
　　주께서 또 나를 죽음의 진토 속에 두셨나이다
16 개들이 나를 에워쌌으며
　　악한 무리가 나를 둘러 내 수족을 찔렀나이다
17 내가 내 모든 **뼈**를 셀 수 있나이다 그들이 나를 주목하여 보고
18 내 겉옷을 나누며 속옷을 제비 뽑나이다
19 여호와여 멀리 하지 마옵소서
　　나의 힘이시여 속히 나를 도우소서
20 내 생명을 칼에서 건지시며
　　내 유일한 것을 개의 세력에서 구하소서
21 나를 사자의 입에서 구하소서
　　주께서 내게 응답하시고 들소의 뿔에서 구원하셨나이다
22 내가 주의 이름을 형제에게 선포하고
　　회중 가운데에서 주를 찬송하리이다
23 여호와를 두려워하는 너희여 그를 찬송할지어다
　　야곱의 모든 자손이여 그에게 영광을 돌릴지어다
　　너희 이스라엘 모든 자손이여 그를 경외할지어다
24 그는 곤고한 자의 곤고를 멸시하거나 싫어하지 아니하시며
　　그의 얼굴을 그에게서 숨기지 아니하시고
　　그가 울부짖을 때에 들으셨도다

25 큰 회중 가운데에서 나의 찬송은 주께로부터 온 것이니
   주를 경외하는 자 앞에서 나의 서원을 갚으리이다
26 겸손한 자는 먹고 배부를 것이며
   여호와를 찾는 자는 그를 찬송할 것이라
   너희 마음은 영원히 살지어다
27 땅의 모든 끝이 여호와를 기억하고 돌아오며
   모든 나라의 모든 족속이 주의 앞에 예배하리니
28 나라는 여호와의 것이요
   여호와는 모든 나라의 주재심이로다
29 세상의 모든 풍성한 자가 먹고 경배할 것이요
   진토 속으로 내려가는 자 곧 자기 영혼을 살리지 못할 자도
   다 그 앞에 절하리로다
30 후손이 그를 섬길 것이요 대대에 주를 전할 것이며
31 와서 그의 공의를 태어날 백성에게 전함이여
   주께서 이를 행하셨다 할 것이로다

✚ 묵상과 기도

다윗은 오늘도 탄식합니다. 부르짖습니다.

"내 하나님이여 내 하나님이여 어찌 나를 버리셨나이까 어찌 나를 멀리하여 돕지 아니하시오며 내 신음 소리를 듣지 아니하시나이까"
시 22:1

이전의 시편과 그 시작이 다릅니다. 탄식과 부르짖음에서 고통의 강도가 얼마나 심한지 느껴집니다. 고통을 표현하는 내용들이 참으로 험합니다. 나는 벌레요 사람이 아니라, 힘센 소들에 둘러싸여 압박당하며, 입을 벌려 찢으며 달려드는 사자, 개들이 수족을 찌르고, 뼈도 성하지 못한 그런 고통 속에 있는 다윗은 우리가 생각하는 고난의 강도를 넘어서고 있는 것 같습니다.

예수님께서 십자가에 달려 돌아가시기 전 "나의 하나님 나의 하나님 어찌하여 나를 버리셨나이까" 막 15:34 말씀하셨습니다.
세상의 왕 다윗도 우리의 영원한 왕인 예수님도 지금은 고난 앞에 있습니다. 그리고 똑같이 하나님 앞에서 탄식합니다. 부르짖습니다. 기도합니다. 그리고 다윗은 이스라엘의 출애굽 사건을 기억합니다.

"우리 조상들이 주께 의뢰하고 의뢰하였으므로 그들을 건지셨나이다"
시 22:4

다윗도 예수님도 이스라엘 백성들도 주께 의뢰하고 의뢰하여 구원을 얻었습니다. 오늘 우리도 주께 의뢰하고 의뢰합니다. 작은 것 하나부터 큰 것에 이르기까지 모든 일에 주의 이름을 부르며 간절히 기도할 때, 우리를 멀리하지 마시고 속히 도우소서.

"내가 주의 이름을 형제에게 선포하고 회중 가운데에서 주를 찬송하리이다" 시 22:22

"여호와를 두려워하는 너희여 그를 찬송할지어다 야곱의 모든 자손이여 그에게 영광을 돌릴지어다 너희 이스라엘 모든 자손이여 그를 경외할지어다" 시 22:23

주님, 주의 성도들의 탄식의 기도 끝에도 늘 찬송이 떠나지 않게 하시고, 주님의 구원과 승리를 바라보며 담대하게 전진하는 믿음의 길 걷게 하옵소서. 구원의 왕이시요, 찬송 받기 합당하신, 우리 주 예수 그리스도의 이름으로 간절히 기도합니다. 아멘!

【 시편 23편 】 자기 이름을 위하여

다윗의 시

1 여호와는 나의 목자시니
　내게 부족함이 없으리로다
2 그가 나를 푸른 풀밭에 누이시며
　쉴 만한 물가로 인도하시는도다
3 내 영혼을 소생시키시고
　자기 이름을 위하여 의의 길로 인도하시는도다
4 내가 사망의 음침한 골짜기로 다닐지라도
　해를 두려워하지 않을 것은 주께서 나와 함께 하심이라
　주의 지팡이와 막대기가 나를 안위하시나이다
5 주께서 내 원수의 목전에서 내게 상을 차려 주시고
　기름을 내 머리에 부으셨으니 내 잔이 넘치나이다
6 내 평생에 선하심과 인자하심이 반드시 나를 따르리니
　내가 여호와의 집에 영원히 살리로다

✚ 묵상과 기도

시편 하면 가장 먼저 떠오르는 23편입니다. 오늘은 시편 23편을 암송하여 보세요. 다윗의 시편 23편에는 그의 전 생애가 단 6절로 요약되어 있습니다. 우리의 인생의 시는 몇 줄일까요?

지금, 푸른 풀밭에 앉아 계신가요?
아니면 사망의 음침한 골짜기를 건너는 중이신가요?
사망의 음침한 골짜기에서 구원해 줄 막대기가 필요하신가요?
그저 내게 부족함 없는 목자만을 찾으시나요?
누구를 위해서요?

우리는 우리의 이기적인 필요와 요구를 위해서 하나님을 찾을 때가 너무나 많습니다. 그럼에도 불구하고 하나님께서는 자기 이름을 위하여 우리를 의의 길로 인도하십니다.

그의 이름에는 부족함이 없습니다.
그의 이름은 영혼을 소생시킵니다.
그의 이름은 기름이 넘칩니다.
그의 이름은 선과 인자입니다.
그의 이름은 영원합니다.

【 시편 24편 】 그의 거룩한 곳에 설 자가 누구인가?

다윗의 시

1 땅과 거기에 충만한 것과 세계와 그 가운데에 사는 자들은
   다 여호와의 것이로다
2 여호와께서 그 터를 바다 위에 세우심이여
   강들 위에 건설하셨도다
3 여호와의 산에 오를 자가 누구며
   그의 거룩한 곳에 설 자가 누구인가
4 곧 손이 깨끗하며 마음이 청결하며
   뜻을 허탄한 데에 두지 아니하며
   거짓 맹세하지 아니하는 자로다
5 그는 여호와께 복을 받고 구원의 하나님께 의를 얻으리니
6 이는 여호와를 찾는 족속이요
   야곱의 하나님의 얼굴을 구하는 자로다 (셀라)
7 문들아 너희 머리를 들지어다
   영원한 문들아 들릴지어다 영광의 왕이 들어가시리로다
8 영광의 왕이 누구시냐 강하고 능한 여호와시요
   전쟁에 능한 여호와시로다
9 문들아 너희 머리를 들지어다
   영원한 문들아 들릴지어다 영광의 왕이 들어가시리로다
10 영광의 왕이 누구시냐
   만군의 여호와께서 곧 영광의 왕이시로다 (셀라)

✚ 묵상과 기도

"하나님이 자기 형상 곧 하나님의 형상대로 사람을 창조하시되 남자와 여자를 창조하시고 하나님이 그들에게 복을 주시며 하나님이 그들에게 이르시되 생육하고 번성하여 땅에 충만하라, 땅을 정복하라, 바다의 물고기와 하늘의 새와 땅에 움직이는 모든 생물을 다스리라 하시니라" 창 1:27-28

피조물인 사람과 모든 만물의 주인이신 창조주 하나님을 찬양합니다. 특별히 하나님의 형상대로 지음 받게 하시고 복을 주시며, 삶을 누리며 생육과 번성과 충만함을 주시는 하나님께 무한 감사를 드립니다.

"누가 여호와의 산에 오를 수 있습니까? 누가 그 거룩한 곳에 설 수 있습니까? 깨끗한 손과 때 묻지 않은 마음을 가진 사람들, 헛된 것에 마음을 쏟지 않는 사람들, 거짓으로 맹세하지 않는 사람들입니다. 그들은 여호와께 복을 받게 될 사람들이며 그들의 구원자이신 하나님께 옳다고 인정받은 사람들입니다" 쉬운성경 시 24:3-5

"영광의 왕이 누구시냐 강하고 능한 여호와시요 전쟁에 능한 여호와시로다" 개역개정 시 24:8

주님, 오늘도 깨끗한 손, 순수한 마음, 세상의 헛된 것에 유혹되지 않고, 거짓 없는 인생 살아가게 하시고, 중심을 보시는 하나님 앞에서 먼저 인정받는 우리 모두 되게 하옵소서. 영광의 왕, 승리의 왕, 우리 주 예수 그리스도의 이름으로 간절히 기도합니다. 아멘!

【 시편 25편 】 여호와의 친밀하심과 성실과 정직으로

다윗의 시

1 여호와여 나의 영혼이 주를 우러러보나이다
2 나의 하나님이여 내가 주께 의지하였사오니
　나를 부끄럽지 않게 하시고 나의 원수들이 나를 이겨
　개가를 부르지 못하게 하소서
3 주를 바라는 자들은 수치를 당하지 아니하려니와
　까닭 없이 속이는 자들은 수치를 당하리이다
4 여호와여 주의 도를 내게 보이시고 주의 길을 내게 가르치소서
5 주의 진리로 나를 지도하시고 교훈하소서
　주는 내 구원의 하나님이시니 내가 종일 주를 기다리나이다
6 여호와여 주의 긍휼하심과 인자하심이 영원부터 있었사오니
　주여 이것들을 기억하옵소서
7 여호와여 내 젊은 시절의 죄와 허물을 기억하지 마시고
　주의 인자하심을 따라 주께서 나를 기억하시되
　주의 선하심으로 하옵소서
8 여호와는 선하시고 정직하시니
　그러므로 그의 도로 죄인들을 교훈하시리로다
9 온유한 자를 정의로 지도하심이여
　온유한 자에게 그의 도를 가르치시리로다
10 여호와의 모든 길은 그의 언약과 증거를 지키는 자에게
　　인자와 진리로다
11 여호와여 나의 죄악이 크오니 주의 이름으로 말미암아 사하소서

12 여호와를 경외하는 자 누구냐
   그가 택할 길을 그에게 가르치시리로다
13 그의 영혼은 평안히 살고 그의 자손은 땅을 상속하리로다
14 여호와의 친밀하심이 그를 경외하는 자들에게 있음이여
   그의 언약을 그들에게 보이시리로다
15 내 눈이 항상 여호와를 바라봄은
   내 발을 그물에서 벗어나게 하실 것임이로다
16 주여 나는 외롭고 괴로우니
   내게 돌이키사 나에게 은혜를 베푸소서
17 내 마음의 근심이 많사오니 나를 고난에서 끌어내소서
18 나의 곤고와 환난을 보시고 내 모든 죄를 사하소서
19 내 원수를 보소서 그들의 수가 많고 나를 심히 미워하나이다
20 내 영혼을 지켜 나를 구원하소서
   내가 주께 피하오니 수치를 당하지 않게 하소서
21 내가 주를 바라오니 성실과 정직으로 나를 보호하소서

✚ 묵상과 기도

"여호와의 친밀하심이 그를 경외하는 자들에게 있음이여 그의 언약을 그들에게 보이시리로다" 시 25:14

"내가 주를 바라오니 성실과 정직으로 나를 보호하소서" 시 25:21

주님, 주의 진리의 말씀으로 우리를 매일 지도하시고 교훈하여 주옵소서. 주를 경외하는 자에게 주의 친밀하심을 보이시고, 우리 각자에게 맞는 맞춤형 약속으로 우리에게 새로운 비전을 심어 주시고, 우리가 내면의 외로움과 괴로움과 근심에서 벗어나 마음에 참 평안을 누리게 하옵소서. 오늘도 주를 바라오니 주의 성실과 정직으로 우리를 보호하소서. 생명의 언약 되신 우리 주 예수 그리스도의 이름으로 간절히 기도합니다. 아멘!

【 시편 26편 】 주의 영광이 머무는 곳

다윗의 시

1 내가 나의 완전함에 행하였사오며 흔들리지 아니하고
   여호와를 의지하였사오니 여호와여 나를 판단하소서
2 여호와여 나를 살피시고 시험하사 내 뜻과 내 양심을 단련하소서
3 주의 인자하심이 내 목전에 있나이다
   내가 주의 진리 중에 행하여
4 허망한 사람과 같이 앉지 아니하였사오니
   간사한 자와 동행하지도 아니하리이다
5 내가 행악자의 집회를 미워하오니
   악한 자와 같이 앉지 아니하리이다
6 여호와여 내가 무죄하므로 손을 씻고 주의 제단에 두루 다니며
7 감사의 소리를 들려 주고 주의 기이한 모든 일을 말하리이다
8 여호와여 내가 주께서 계신 집과
   주의 영광이 머무는 곳을 사랑하오니
9 내 영혼을 죄인과 함께, 내 생명을 살인자와 함께 거두지 마소서
10 그들의 손에 사악함이 있고 그들의 오른손에 뇌물이 가득하오나
11 나는 나의 완전함에 행하오리니
    나를 속량하시고 내게 은혜를 베푸소서
12 내 발이 평탄한 데에 섰사오니
    무리 가운데에서 여호와를 송축하리이다

✚ 묵상과 기도

허망하고 간사하고 악한 자들이 앉아 있는 곳, 행악자들의 집회장은 여호와의 영광이 머무는 곳이 아닙니다. 다윗은 이런 곳을 미워하고 오히려 '주께서 계신 집과 주의 영광이 머무는 곳'을 사랑한다고 고백합니다.

> "허망한 사람과 같이 앉지 아니하였사오니 간사한 자와 동행하지도 아니하리이다 내가 행악자의 집회를 미워하오니 악한 자와 같이 앉지 아니하리이다" 시 26:4-5

> "여호와여 내가 주께서 계신 집과 주의 영광이 머무는 곳을 사랑하오니" 시 26:8

주님, 우리가 매일을 살아가고 있는 공간과 시간 속에서 주님 보시기에 완전한 모습으로 행할 수 있도록 성령님께서 늘 가르치시고 인도하여 주옵소서. 모든 것을 행위로 판단하시고 살피시는 주님 앞에서, 나의 부족함과 연약함을 인정하며 한 걸음씩 경건함으로 나아가게 하시고, 하나님의 말씀과 세상의 말들 앞에서 두 마음으로 적당히 섞여서 살아가는 것 아니요, 오직 참된 진리 앞에만 바로 서는 구별된 그리스도인이 되게 하옵소서. 주께서 계신 곳을 사랑하고 그곳에 늘 거하는 삶 살아가게 하옵소서. 영광의 그 이름 우리 주 예수 그리스도의 이름으로 간절히 기도합니다. 아멘!

【 시편 27편 】 전쟁이 일어나 나를 치려 할지라도

다윗의 시

1 여호와는 나의 빛이요 나의 구원이시니
  내가 누구를 두려워하리요
  여호와는 내 생명의 능력이시니
  내가 누구를 무서워하리요
2 악인들이 내 살을 먹으려고 내게로 왔으나
  나의 대적들, 나의 원수들인 그들은 실족하여 넘어졌도다
3 군대가 나를 대적하여 진 칠지라도 내 마음이 두렵지 아니하며
  전쟁이 일어나 나를 치려 할지라도 나는 여전히 태연하리로다
4 내가 여호와께 바라는 한 가지 일 그것을 구하리니
  곧 내가 내 평생에 여호와의 집에 살면서
  여호와의 아름다움을 바라보며 그의 성전에서 사모하는 그것이라
5 여호와께서 환난 날에 나를 그의 초막 속에 비밀히 지키시고
  그의 장막 은밀한 곳에 나를 숨기시며 높은 바위 위에 두시리로다
6 이제 내 머리가 나를 둘러싼 내 원수 위에 들리리니
  내가 그의 장막에서 즐거운 제사를 드리겠고
  노래하며 여호와를 찬송하리로다
7 여호와여 내가 소리 내어 부르짖을 때에 들으시고
  또한 나를 긍휼히 여기사 응답하소서
8 너희는 내 얼굴을 찾으라 하실 때에
  내가 마음으로 주께 말하되
  여호와여 내가 주의 얼굴을 찾으리이다 하였나이다

9 주의 얼굴을 내게서 숨기지 마시고

　주의 종을 노하여 버리지 마소서 주는 나의 도움이 되셨나이다

　나의 구원의 하나님이시여 나를 버리지 마시고 떠나지 마소서

10 내 부모는 나를 버렸으나 여호와는 나를 영접하시리이다

11 여호와여 주의 도를 내게 가르치시고

　내 원수를 생각하셔서 평탄한 길로 나를 인도하소서

12 내 생명을 내 대적에게 맡기지 마소서

　위증자와 악을 토하는 자가 일어나 나를 치려 함이니이다

13 내가 산 자들의 땅에서 여호와의 선하심을 보게 될 줄

　확실히 믿었도다

14 너는 여호와를 기다릴지어다

　강하고 담대하며 여호와를 기다릴지어다

✚ 묵상과 기도

나는 누구를 두려워하고 있나요?
내가 무서워하는 것은 무엇인가요?

다윗은 "군대가 진을 치고 전쟁이 일어나 나를 치려 할지라도 나는 여전히 태연하리로다"시 27:3 당당하게 선포합니다. 무섭지도 두렵지도 않아서 그렇게 선포하는 것일까요? 아닐 것입니다. 선포에는 능력이 있습니다. 말에는 능력이 있습니다. 말을 할 때 그대로 되어지는 것이 바로 능력입니다. 또한 안된다고 말하고 안되는 것도 결국 그 말대로 되어지는 것입니다.

"하나님이 이르시되 빛이 있으라 하시니 빛이 있었고" 창 1:3

하나님은 말씀을 선포(명령)하심으로 모든 것을 창조하셨습니다.

"빛이 하나님이 보시기에 좋았더라" 창 1:4

말씀하신 후에는 되어진 일을 보시고 감동하셨습니다. 이것이 창조의 원리입니다. 하나님이 일하시는 방법입니다. 말씀하시고, 보시고, 느끼시고, 참 감각적인 하나님이십니다. 그의 형상대로 지음 받은 우리도 하나님처럼 감각과 지각을 가지고 있습니다. 또한 말하는 존재로 지음 받았습니다. 오늘도 다윗처럼 믿음의 말, 예수님처럼 치유의 말, 성령님처럼 지혜의 말, 하나님처럼 사랑의 말을 입술로 선포하는 한날 되시기를 바랍니다.

【 시편 28편 】 주님은 나의 힘, 나의 방패 (※역본_새번역)

도움을 구하는 기도, 다윗의 시

1 반석이신 나의 주님, 내가 주님께 부르짖으니,
  귀를 막고 계시지 마십시오. 주님께서 입을 다무시면,
  내가 무덤으로 내려가는 사람같이 될까 두렵기만 합니다.
2 주님의 지성소를 바라보며,
  두 손을 치켜들고 주님께 울부짖을 때에,
  나의 애원하는 소리를 들어 주십시오.
3 악인들과 사악한 자들과 함께
  나를 싸잡아 내동댕이치지 마십시오.
  그들은 이웃에게 평화를 말하지만 마음에는 악을 품고 있습니다.
4 그들의 행위와 그 악한 행실을 따라
  그들에게 고스란히 갚아 주십시오.
  그들이 한 그대로 그들에게 갚아 주십시오.
  그들이 받을 벌을 그들에게 되돌려주십시오.
5 주님께서 하신 놀라운 일들을 대수롭지 않게 여기고
  손수 하신 일들을 하찮게 여기는 그들
  그들이 다시는 일어서지 못하게 멸하십시오.
6 애원하는 자의 간구를 들어 주셨으니, 주님을 찬양하여라.
7 주님은 나의 힘, 나의 방패이시다.
  내 마음이 주님을 굳게 의지하였기에, 주님께서 나를 건져 주셨다.
  내 마음 다하여 주님을 기뻐하며 나의 노래로 주님께 감사하련다.
8 주님은 주님의 백성에게 힘이 되시며,
  기름 부어 세우신 왕에게 구원의 요새이십니다.

9 주님의 백성을 구원하여 주십시오.
주님의 소유인 이 백성에게 복을 내려 주십시오.
영원토록 그들의 목자가 되시어, 그들을 보살펴 주십시오

✚ 묵상과 기도

"반석이신 나의 주님, 내가 주님께 부르짖으니, 귀를 막고 계시지 마십시오. 주님께서 입을 다무시면, 내가 무덤으로 내려가는 사람같이 될까 두렵기만 합니다." 새번역 시 28:1

다윗이 울부짖으며 애원하는 기도의 내용은 겉과 속이 다른 위선자들을 벌하여 달라는 내용입니다. 하나님을 하찮게 여기는 인간들을 멸하여 달라는 내용입니다. 기도의 결과는 어떨까요? 다윗은 응답도 받았습니다. 어떻게 알 수 있을까요? 6절부터는 기도의 응답에 대해 감사하고 찬양하는 다윗의 모습이 보이기 때문입니다.

"애원하는 자의 간구를 들어 주셨으니, 주님을 찬양하여라." 새번역 시 28:6

신이 난 다윗은 하나님이 나의 힘, 나의 방패라고 힘차게 고백합니다. 내 마음이 주님을 굳게 의지하였더니 건져 주셨다고 간증합니다. 그래서 기뻐하며 시로, 노래로 주님을 찬양합니다.
그다음 액션은 무엇일까요? 나뿐 아니요, 그의 백성들에게도 복을 내려 달라고 중보기도 합니다.

"주님의 백성을 구원하여 주십시오. 주님의 소유인 이 백성에게 복을 내려 주십시오 영원토록 그들의 목자가 되시어, 그들을 보살펴 주십시오" 새번역 시 28:9

주님, 우리 모두 오늘 하나님께 구체적으로 기도하고, 구체적으로 응답받고, 곤고한 영혼들을 위해 함께 중보할수 있는 믿음의 용사들 되게 하옵소서. 우리의 힘과 방패 되시는 우리 주 예수 그리스도의 이름으로 간절히 기도합니다. 아멘!

【 시편 29편 】 여호와의 소리   (※역본_현대인의성경)

여호와를 찬양하라, 다윗의 시

1 하늘의 존재들아, 너희는 여호와의 능력과 영광을 찬양하라
2 여호와의 이름에 합당한 영광을 그에게 돌리고
   거룩한 옷을 입고 그에게 경배하라
3 여호와의 소리가 바다 위에서 들린다.
   영광의 하나님이 천둥을 치시니
   그 음성이 망망한 바다 위에 메아리치는구나
4 여호와의 소리가 힘이 있고 여호와의 소리가 위엄이 있다
5 그 소리가 백향목을 꺾고
   레바논의 큰 나무들까지 꺾어 부수는구나
6 여호와께서 레바논의 산들을 흔들어 송아지처럼 뛰게 하시며
   헬몬산을 들송아지같이 뛰게 하신다.
7 여호와의 소리가 번갯불과 함께 울려 퍼진다
8 그 소리가 사막을 진동시키고 가데스 광야를 뒤흔드는구나
9 여호와의 소리가 상수리나무를 비틀고 숲을 벌거숭이로 만드시니
   성전에 있는 모든 사람들이 "여호와께 영광"이라 하는구나
10 여호와께서 홍수를 다스리시며 왕으로서 영원히 통치하시리라
11 여호와께서 자기 백성에게 힘을 주시고,
    그들에게 평안의 복을 주시리라.

✚ 묵상과 기도

여호와의 소리를 들으신 적이 있으신가요?
다윗은 여호와의 소리가 바다 위에서 천둥 속에서 메아리치고 있다고 합니다. 여호와의 소리는 힘이 있고 위엄이 있다고 합니다. 백향목을 꺾으시고 레바논의 산들을 흔드시고 헬몬산도 뛰게 하신다고 합니다. 참 놀랍습니다.

"사람의 소리가 아닌 여호와의 소리를 듣고 싶습니다."

여호와의 소리는 번갯불과 함께 울려 퍼지고, 사막을 진동시키시며, 가데스 광야를 뒤흔듭니다. 이 소리는 모든 만물을 다스리는 소리입니다. 명령하시는 통치자의 소리입니다. 왕의 소리를 듣고 싶습니다. 그리고 두 손을 높이 들고 외치고 싶습니다. "오직 여호와께 영광!"
그런 우리에게 하나님은 11절로 응답하실 것입니다.

"여호와께서 자기 백성에게 힘을 주시고, 그들에게 평안의 복을 주시리라." 현대인의성경 시 29:11

주님, 오늘 우리에게 여호와의 힘이 있는 소리를 보고 듣고 느끼게 하시고 반응하게 하시며, 새로운 차원의 힘과 능력을 부으시고 빼앗기지 않는 평안으로 근심 빚없는 완전한 평안의 축복을 누리게 하옵소서. 능력과 영광의 왕이신, 우리 주 예수 그리스도의 이름으로 간절히 기도합니다. 아멘!

【 시편 30편 】 내가 주께 영원히 감사하겠습니다

(※역본_현대인의성경)

감사의 기도, 다윗의 시, 성전 봉헌식 때 부른 노래

1 여호와여, 내가 주를 찬양합니다.
  주께서는 나를 내 대적에게서 구하시고
  그들이 나에게 으스대지 못하게 하셨습니다.
2 여호와 나의 하나님이시여,
  내가 주께 부르짖었더니 주께서 나를 고쳐 주셨습니다.
3 여호와여, 주께서는 나를 죽음 직전에서 구출하시고
  나를 무덤으로 들어가지 않게 하셨습니다.
4 여호와의 성도들아, 주께 노래하고 그 거룩한 이름을 찬양하여라.
5 그의 노여움은 잠깐이요 그의 은총은 평생 동안이다!
  밤에는 우는 일이 있을지라도 아침에는 기쁨이 오리라.
6 내가 안전할 때에 "나는 결코 흔들리지 않으리라" 하였습니다.
7 여호와여, 주께서 나에게 은혜를 베풀었을 때에는
  나를 산처럼 굳게 세우셨는데 주의 얼굴을 가리셨을 때에는
  내가 두려워하였습니다.
8 여호와여, 내가 주께 부르짖고 이렇게 간구하였습니다.
9 "내가 무덤에 내려가면 주께 무슨 유익이 있습니까?
   죽은 자들이 주를 찬양할 수 있겠습니까?
   그들이 주의 성실하심을 선포할 수 있겠습니까?
10 여호와여, 들으시고 나를 불쌍히 여기소서,
   여호와여, 나를 도와주소서."

11 그때 주께서는 나의 슬픔이 변하여 기쁨이 되게 하셨으며
   내게서 슬픔의 옷을 벗겨 주시고 기쁨의 띠를 띠워 주셨습니다.
12 그래서 내가 침묵을 지키지 않고 주께 찬양합니다.
   여호와 나의 하나님이시여, 내가 주께 영원히 감사하겠습니다.

✚ 묵상과 기도

　우리를 대적에게서 구하시고, 그들이 으스대지 못하도록 막으시고, 고쳐 주시고, 죽음 직전에서도 구출하시는 하나님을 찬양합니다.

　다윗은 솔직히 고백합니다. 은혜의 때와 두려움의 때에 대해서, 변화무쌍한 자신의 상태에 대해서 그럼에도 불구하고 한 가지만은 확실합니다. 환난의 때에는 부르짖어 기도하고, 은혜에 때에는 하나님의 거룩한 이름을 찬양합니다. 다윗의 무기는 기도와 찬양이네요. 그리고 플러스알파는 당당함이네요. 제가 무덤에 내려가면 누가 저처럼 주를 찬양할까요? 하나님께도 마이너스에요. 그러니 저를 좀 살려 주세요. 저를 불쌍히 여기시고 도와주세요.

　"그때" 주께서 도우십니다.

　우리의 슬픔과 고민과 어려움이 변하여 기쁨이 되게 하시고, 무겁고 칙칙한 어둠의 옷은 벗겨 주시며, 빛나고 찬란하고 날개처럼 가벼운 기쁨의 옷으로 갈아입혀 주옵소서. 기쁨의 띠를 흩날리며 기쁨으로 찬양하며 고백하게 하소서.

　"여호와 나의 하나님이시여, 내가 주께 영원히 감사하겠습니다"
　　현대인의성경 30:12

【 시편 31편 】 나를 영원히 부끄럽게 하지 마시고

다윗의 시, 인도자를 따라 부르는 노래

1 여호와여 내가 주께 피하오니
  나를 영원히 부끄럽게 하지 마시고
  주의 공의로 나를 건지소서
2 내게 귀를 기울여 속히 건지시고
  내게 견고한 바위와 구원하는 산성이 되소서
3 주는 나의 반석과 산성이시니
  그러므로 주의 이름을 생각하셔서
  나를 인도하시고 지도하소서
4 그들이 나를 위하여 비밀히 친 그물에서 빼내소서
  주는 나의 산성이시니이다
5 내가 나의 영을 주의 손에 부탁하나이다
  진리의 하나님 여호와여 나를 속량하셨나이다
6 내가 허탄한 거짓을 숭상하는 자들을 미워하고
  여호와를 의지하나이다
7 내가 주의 인자하심을 기뻐하며 즐거워할 것은
  주께서 나의 고난을 보시고 환난 중에 있는 내 영혼을 아셨으며
8 나를 원수의 수중에 가두지 아니하셨고
  내 발을 넓은 곳에 세우셨음이니이다
9 여호와여 내가 고통 중에 있사오니
  내게 은혜를 베푸소서 내가 근심 때문에
  눈과 영혼과 몸이 쇠하였나이다

10 내 일생을 슬픔으로 보내며
　나의 연수를 탄식으로 보냄이여
　내 기력이 나의 죄악 때문에 약하여지며
　나의 뼈가 쇠하도소이다
11 내가 모든 대적들 때문에 욕을 당하고
　내 이웃에게서는 심히 당하니 내 친구가 놀라고
　길에서 보는 자가 나를 피하였나이다
12 내가 잊어버린 바 됨이 죽은 자를 마음에 두지 아니함 같고
　깨진 그릇과 같으니이다
13 내가 무리의 비방을 들었으므로 사방이 두려움으로 감싸였나이다
　그들이 나를 치려고 함께 의논할 때에
　내 생명을 빼앗기로 꾀하였나이다
14 여호와여 그러하여도 나는 주께 의지하고 말하기를
　주는 내 하나님이시라 하였나이다
15 나의 앞날이 주의 손에 있사오니
　내 원수들과 나를 핍박하는 자들의 손에서 나를 건져 주소서
16 주의 얼굴을 주의 종에게 비추시고
　주의 사랑하심으로 나를 구원하소서
17 여호와여 내가 주를 불렀사오니
　나를 부끄럽게 하지 마시고 악인들을 부끄럽게 하사
　스올에서 잠잠하게 하소서
18 교만하고 완악한 말로 무례히 의인을 치는
　거짓 입술이 말 못하는 자 되게 하소서
19 주를 두려워하는 자를 위하여 쌓아 두신 은혜
　곧 주께 피하는 자를 위하여 인생 앞에 베푸신 은혜가
　어찌 그리 큰지요

20 주께서 그들을 주의 은밀한 곳에 숨기사
사람의 꾀에서 벗어나게 하시고 비밀히 장막에 감추사
말 다툼에서 면하게 하시리이다
21 여호와를 찬송할지어다
견고한 성에서 그의 놀라운 사랑을 내게 보이셨음이로다
22 내가 놀라서 말하기를 주의 목전에서 끊어졌다 하였사오나
내가 주께 부르짖을 때에
주께서 나의 간구하는 소리를 들으셨나이다
23 너희 모든 성도들아 여호와를 사랑하라
여호와께서 진실한 자를 보호하시고
교만하게 행하는 자에게 엄중히 갚으시느니라
24 여호와를 바라는 너희들아 강하고 담대하라

✚ **묵상과 기도**

다윗은 "영원히"라는 표현을 참 많이 쓰네요. 전편에서는 영원히 감사한다. 이편에서는 영원히 부끄러움을 당하지 않게 해달라, 다음은 영원히 무엇일까요? 우리는 영원히 무엇을 바래야 할까요? 우리가 생각하는 영원과 다윗이 생각하는 영원은 좀 다른 것 같습니다. 다윗은 실제 상황 가운데 영원이란 단어를 적용하고 있습니다. 우리는 추상적 영원을 생각합니다. 거의 생각을 하지 않는 것이 더 맞는 표현인지도 모르겠습니다.

하나님은 영이십니다. 영원하신 분이십니다. 우리의 영도 영원합니다. 육신은 유한하여도 영은 영원합니다. 그렇다면 앞으로, 영으로 살아야 할 시간들을 위하여 투자해야겠습니다. 고퀄리티의 영생의 시간들을 위하여!

"주는 나의 반석과 산성이시니 그러므로 주의 이름을 생각하셔서 나를 인도하시고 지도하소서" 시 31:3

주님, 우리에게 영원을 사모하는 마음을 주시고, 반석과 산성이신 주안에 늘 거하며, 주의 이름으로 우리를 인도하시고 영원토록 지도하여 주옵소서. 영원하신 우리 주 예수 그리스도의 이름으로 간절히 기도합니다. 아멘!

【 시편 32편 】 너희는 무지한 말이나 노새같이 되지 말지어다

다윗의 마스길

1 허물의 사함을 받고 자신의 죄가 가려진 자는 복이 있도다
2 마음에 간사함이 없고 여호와께 정죄를 당하지 아니하는 자는
  복이 있도다
3 내가 입을 열지 아니할 때에 종일 신음하므로 내 뼈가 쇠하였도다
4 주의 손이 주야로 나를 누르시오니
  내 진액이 빠져서 여름 가뭄에 마름 같이 되었나이다 (셀라)
5 내가 이르기를 내 허물을 여호와께 자복하리라 하고
  주께 내 죄를 아뢰고 내 죄악을 숨기지 아니하였더니
  곧 주께서 내 죄악을 사하셨나이다 (셀라)
6 이로 말미암아 모든 경건한 자는
  주를 만날 기회를 얻어서 주께 기도할지라
  진실로 홍수가 범람할지라도 그에게 미치지 못하리이다
7 주는 나의 은신처이오니 환난에서 나를 보호하시고
  구원의 노래로 나를 두르시리이다 (셀라)
8 내가 네 갈 길을 가르쳐 보이고 너를 주목하여 훈계하리로다
9 너희는 무지한 말이나 노새 같이 되지 말지어다
  그것들을 재갈과 굴레로 단속하지 아니하면
  너희에게 가까이 가지 아니하리로다
10 악인에게는 많은 슬픔이 있으나
  여호와를 신뢰하는 자에게는 인자하심이 두르리로다
11 너희 의인들아 여호와를 기뻐하며 즐거워할지어다
  마음이 정직한 너희들아 다 즐거이 외칠지어다

✚ 묵상과 기도

누군가에게 마음이 다치고 닫혀서 입을 열지는 않나요?
닫힌 마음이 생겼을 때, 왜인지 그 이유를 고민해 보십시오. 그리고 고민의 답을 찾으십시오. 고민의 답이 하나님의 답과 같으면 정답이고, 같지 않으면 오답입니다. 오답은 과감히 지우고 버리십시오!

주님, 열대야처럼 우리의 마음을 짓누르는 화, 분노, 미움, 짜증, 시기, 질투 등의 감정적 찌꺼기를 제거하여 주시고, 진액이 빠지고 여름 가뭄에 바싹 말라 있는 축 처진 나무가 아닌 오아시스와 같고 얼음냉수 같은 시원한 은혜의 생수를 공급하여 주옵소서.

"내가 네 갈 길을 가르쳐 보이고 너를 주목하여 훈계하리로다 너희는 무지한 말이나 노새같이 되지 말지어다 그것들은 재갈과 굴레로 단속하지 아니하면 너희에게 가까이 가지 아니하리로다" 시 32:8-9

주님, 우리가 매일 경건을 훈련하고, 입술을 단속하며, 마음을 지켜 나가는 우리 모두가 되게 하옵소서. 긍휼과 자비와 인자가 풍부하신 우리 주 예수 그리스도의 이름으로 간절히 기도합니다. 아멘!

【 시편 33편 】 새 노래로

1 너희 의인들아 여호와를 즐거워하라
　찬송은 정직한 자들이 마땅히 할 바로다
2 수금으로 여호와께 감사하고 열 줄 비파로 찬송할지어다
3 새 노래로 그를 노래하며 즐거운 소리로 아름답게 연주할지어다
4 여호와의 말씀은 정직하며 그가 행하시는 일은 다 진실하시도다
5 그는 공의와 정의를 사랑하심이여
　세상에는 여호와의 인자하심이 충만하도다
6 여호와의 말씀으로 하늘이 지음이 되었으며
　그 만상을 그의 입 기운으로 이루었도다
7 그가 바닷물을 모아 무더기 같이 쌓으시며 깊은 물을 곳간에 두시도다
8 온 땅은 여호와를 두려워하며 세상의 모든 거민들은 그를 경외할지어다
9 그가 말씀하시매 이루어졌으며 명령하시매 견고히 섰도다
10 여호와께서 나라들의 계획을 폐하시며
　민족들의 사상을 무효하게 하시도다
11 여호와의 계획은 영원히 서고 그의 생각은 대대에 이르리로다
12 여호와를 자기 하나님으로 삼은 나라
　곧 하나님의 기업으로 선택된 백성은 복이 있도다
13 여호와께서 하늘에서 굽어보사 모든 인생을 살피심이여
14 곧 그가 거하시는 곳에서 세상의 모든 거민들을 굽어살피시는도다
15 그는 그들 모두의 마음을 지으시며
　그들이 하는 일을 굽어살피시는 이로다
16 많은 군대로 구원 얻은 왕이 없으며
　용사가 힘이 세어도 스스로 구원하지 못하는도다

17 구원하는 데에 군마는 헛되며
　군대가 많다 하여도 능히 구하지 못하는도다
18 여호와는 그를 경외하는 자
　곧 그의 인자하심을 바라는 자를 살피사
19 그들의 영혼을 사망에서 건지시며
　그들이 굶주릴 때에 그들을 살리시는도다
20 우리 영혼이 여호와를 바람이여
　그는 우리의 도움과 방패시로다
21 우리 마음이 그를 즐거워함이여
　우리가 그의 성호를 의지하였기 때문이로다
22 여호와여 우리가 주께 바라는 대로
　주의 인자하심을 우리에게 베푸소서

✚ 묵상과 기도

"수금으로 여호와께 감사하고 열 줄 비파로 찬송할지어다 새 노래로 그를 노래하며 즐거운 소리로 아름답게 연주할지어다" 시 33:2-3

다윗이 수금으로 비파로 찬양했던 모습은 어떤 모습이었을까요? 참 궁금합니다. 푸른 풀밭 쉴만한 물가 양 떼들 앞에서, 때론 사망의 음침한 골짜기에서, 사막 한가운데에서, 아름다운 주의 성전에서도, 찬양했을 다윗의 음색도 무척이나 궁금합니다. 중저음 베이스였을까요? 테너였을까요? 홀로 찬양하는 다윗의 모습을 보고 계셨던 하나님의 표정은 또 어떠하셨을까요? 하늘과 모든 만상을 그의 입 기운으로 만드실 때 하나님의 표정도 궁금합니다. 무표정은 아니셨겠지요? 형상은 없어도 반응은 있으시겠지요?

"그는 그들 모두의 마음을 지으시며 그들이 하는 일을 굽어살피시는 이로다" 시 33:15

우리의 마음은 또 어떻게 지으셨길래 매 순간 매시간 이리도 변화무쌍한 걸까요? 마음을 지으시고는 그 마음 살펴보시길 즐겨 하시는 하나님, 우리 마음 깊숙한 곳에 하나님의 DNA를 숨겨 놓으시고, 우리가 그것을 발견할 때, 하나님은 빙고 하시며, 보물찾기 놀이를 즐기시는 것 같습니다. 내 안에 하나님의 DNA를 발견하면 바로 그때, 하나님과의 연합이 일어나겠지요? DNA가 같으니까요. 부모와 자녀의 DNA가 같은 것처럼요. 그것이 바로 정체성이겠지요.

말씀으로 이루시고, 명령하심으로 운행하시는 하나님의 섭리와 통치와 권세를 찬양합니다. 우리를 하나님의 형상대로 창조하시고, 하나님의 자녀 삼아 주시고, 자녀의 특권을 부여해 주시니 더욱 감사합니다.

주님, 우리의 영혼이 여호와를 바람으로 도움과 방패 되시는 하나님을 늘 경험하며, 그의 성호를 의지할 때 우리 마음이 기쁨으로 가득 차게 하옵소서. 새 노래를 주님께 올려드리며, 우리 주 예수 그리스도의 이름으로 간절히 기도합니다. 아멘!

【 시편 34편 】 너희는 여호와의 선하심을 맛보아 알지어다

다윗이 아비멜렉 앞에서 미친체하다가 쫓겨나서 지은 시

1 내가 여호와를 항상 송축함이여
　내 입술로 항상 주를 찬양하리이다
2 내 영혼이 여호와를 자랑하리니
　곤고한 자들이 이를 듣고 기뻐하리로다
3 나와 함께 여호와를 광대하시다 하며
　함께 그의 이름을 높이세
4 내가 여호와께 간구하매 내게 응답하시고
　내 모든 두려움에서 나를 건지셨도다
5 그들이 주를 앙망하고 광채를 내었으니
　그들의 얼굴은 부끄럽지 아니하리로다
6 이 곤고한 자가 부르짖으매
　여호와께서 들으시고 그의 모든 환난에서 구원하셨도다
7 여호와의 천사가 주를 경외하는 자를 둘러 진 치고
　그들을 건지시는도다
8 너희는 여호와의 선하심을 맛보아 알지어다
　그에게 피하는 자는 복이 있도다
9 너희 성도들아 여호와를 경외하라
　그를 경외하는 자에게는 부족함이 없도다
10 젊은 사자는 궁핍하여 주릴지라도
　여호와를 찾는 자는 모든 좋은 것에 부족함이 없으리로다
11 너희 자녀들아 와서 내 말을 들으라
　내가 여호와를 경외하는 법을 너희에게 가르치리로다

12 생명을 사모하고 연수를 사랑하여
　복 받기를 원하는 사람이 누구뇨
13 네 혀를 악에서 금하며 네 입술을 거짓말에서 금할지어다
14 악을 버리고 선을 행하며 화평을 찾아 따를지어다
15 여호와의 눈은 의인을 향하시고
　그의 귀는 그들의 부르짖음에 기울이시는도다
16 여호와의 얼굴은 악을 행하는 자를 향하사
　그들의 자취를 땅에서 끊으려 하시는도다
17 의인이 부르짖으매 여호와께서 들으시고
　그들의 모든 환난에서 건지셨도다
18 여호와는 마음이 상한 자를 가까이하시고
　충심으로 통회하는 자를 구원하시는도다
19 의인은 고난이 많으나
　여호와께서 그의 모든 고난에서 건지시는도다
20 그의 모든 뼈를 보호하심이여
　그중에서 하나도 꺾이지 아니하도다
21 악이 악인을 죽일 것이라
　의인을 미워하는 자는 벌을 받으리로다
22 여호와께서 그의 종들의 영혼을 속량하시나니
　그에게 피하는 자는 다 벌을 받지 아니하리로다

✚ 묵상과 기도

시편 34편의 표제는 '다윗이 아비멜렉 앞에서 미친 체하다가 쫓겨나서 지은 시'입니다. 우울한 제목과 달리 그 첫 소절은 이렇습니다.

"내가 여호와를 항상 송축함이여 내 입술로 항상 주를 찬양 하리이다." 시 34:1

사무엘상에 다윗은 가드왕 아기스 앞에서도 미친 체한 적이 있습니다. "그들 앞에서 그의 행동을 변하여 미친 체하고 대문짝에 그적거리며 침을 수염에 흘리매" 삼상 21:13 사울을 피하여 도망하던 다윗은 위험을 모면하기 위하여 미친 체한 것이었습니다.

왕으로 기름 부음 받은 다윗 앞에 펼쳐진 길은 화려한 대로가 아니라 광야로, 또 깊은 굴속으로 숨어 다녀야만 했던 고난의 길이었습니다. 그의 목숨은 늘 위태로웠으며, 미칠 것 같은 시간투성이었습니다. 그런 가운데 이제는 정신 나간 사람처럼 대문짝에 낙서를 하고 침을 흘려대는 행동까지 하게 된 다윗의 마음 상태는 어떠하였을까요?

다윗은 미친 척한 자신의 모습을 부끄러워하지 않습니다. 그의 행동이 자신의 자존감에 전혀 영향을 미치지 않습니다. 왜일까요? 바로 다윗 뒤에 계신 하나님 때문입니다. 자신의 이 곤고한 모습을 보고 계시고, 응답하시고 그의 모든 두려움에서 건져 주셨기 때문입니다. 부끄러움은 잠깐이었고 오히려 여호와의 선하심을 맛보아 알게 되었기 때문에 다윗은 기뻐 찬양하며 하나님을 자랑하고 그의 이름을 높였습니다.

"내 영혼이 여호와를 자랑하리니 곤고한 자들이 이를 듣고 기뻐하리로다 나와 함께 여호와를 광대하시다 하며 함께 그의 이름을 높이세 내가 여호와께 간구하매 내게 응답하시고 내 모든 두려움에서 나를 건지셨도다" 시 34:2-4

환난 가운데 하나님을 만나고 하나님의 도우심을 받은 다윗은 우리에게 마지막으로 이렇게 권면합니다.

"생명을 사모하고 연수를 사랑하여 복 받기를 원하는 사람이 누구뇨? 네 혀를 악에서 금하며 네 입술을 거짓말에서 금할지어다. 악을 버리고 선을 행하며 화평을 찾아 따를지어다 여호와의 눈은 의인을 향하시고 그의 귀는 그들의 부르짖음에 기울이시는도다" 시 34:12-15

한마디로 말조심, 행동 조심입니다. 선과 악을 분별하여 매사에 분별력 있게 행동하는 의인 된 삶을 살라는 것입니다. 그렇다면 그 반대의 악인들에게는 어떻게 행동하실까요?

"여호와의 얼굴은 악을 행하는 자를 향하사 그들의 자취를 땅에서 끊으려 하시는도다" 시 34:16

다윗처럼 곤고한 가운데 계신가요? 시편 34편의 말씀을 기억하세요.

"여호와는 마음이 상한 자를 가까이 하시고 충심으로 통회하는 자를 구원하시는도다. 의인은 고난이 많으나 여호와께서 그의 모든 고난에서 건지시는도다 그의 모든 뼈를 보호하심이여 그 중에서 하나도 꺾이지 아니하도다" 시 34:18-20

"여호와의 선하심을 맛보아 알지어다 그에게 피하는 자는 복이 있도다." 시 34:8

주님, 우리의 상한 맘을 어루만져 주시고 하나님의 선하심을 맛보아 알므로, 다윗처럼 하나님을 항상 찬양하며 기쁨으로 하나님을 증거하는 삶 살아가게 하옵소서. 우리 주 예수 그리스도의 이름으로 간절히 기도합니다. 아멘!

【 시편 35편 】 나와 싸우는 자와 싸워 주소서   (※역본_쉬운성경)

도와 달라는 기도, 다윗의 시

1 여호와여, 나와 다투는 자와 다투어 주시고,
  나와 싸우는 자와 싸워 주소서.
2 방패와 갑옷을 집어 드시고 일어나 나를 도와 주소서.
3 나를 추격하는 자들을 향해 칼과 창을 모두 드시고
  내게 "너를 구해 주겠다"라고 말씀해 주소서.
4 내 목숨을 노리는 사람들이 부끄러움을 당하게 해 주시고,
  나를 해치려는 사람들이 창피해서 달아나게 해 주소서.
5 여호와의 천사가 그들을 쫓아 버릴 때에
  바람에 날아가는 겨와 같게 하소서.
6 여호와의 천사가 그들을 뒤쫓을 때에
  그들이 가는 길을 캄캄하고 미끄럽게 해 주소서.
7 그들은 아무 까닭 없이 나를 잡으려고
  몰래 그물을 쳐 놓고 아무 이유 없이
  나를 죽이려고 웅덩이를 파 놓았습니다.
8 오 주님, 그들을 망하게 해 주시고,
  자기들이 쳐 놓은 그물에 걸리게 하시고,
  자기들이 파 놓은 웅덩이에 빠지게 하여 주소서.
9 그리하시면 내가 여호와 안에서 즐거워하며,
  여호와께서 베푸신 구원을 인하여 기뻐할 것입니다.
10 내가 온몸으로 외칠 것입니다. "여호와여, 주님 같은 분이 없습니다.
   여호와는 힘센 사람들에게서 연약한 사람들을 건져 내시며,
   힘 없고 가난한 사람들을 강도들에게서 구하시는 분이십니다."

11 거짓을 말하는 증인들이 법정에 서서
내가 알지도 못하는 것을 캐묻습니다.
12 그들은 내게 선을 악으로 갚고, 내 목숨마저 노렸습니다.
13 그렇지만 그들이 병들었을 때,
나는 굵은 베옷을 걸치고 금식하며 기도했습니다.
그들을 위한 내 기도에 응답이 없을 때,
14 내 친구나 형제들을 위해 슬퍼하듯
나는 그들을 위해 슬퍼하며 울었습니다.
마치 어머니가 돌아가셨을 때에 내가 우는 것처럼
고개를 떨구고 슬퍼하였습니다.
15 그렇지만 내가 넘어지자 그들은 모여들어 나를 비웃었고,
느닷없이 나를 치고 때렸습니다.
그들은 그치지 않고 욕을 합니다.
16 하나님을 두려워하지 않는 자들처럼
그들은 나를 잔인하게 비웃었고 나를 보며 이를 갈았습니다.
17 주여, 언제까지 이러한 일들을 보고만 계시렵니까?
잔인하게 짓밟히는 내 목숨을 건져 주소서.
이 사자 같은 자들에게서 나를 구해 주소서.
18 내가 예배 모임 가운데서 주님께 감사할 것이며,
많은 사람들 가운데서 주님을 찬양할 것입니다.
19 아무 이유 없이 내게 달려든 원수들이
더 이상 나를 비웃지 못하게 하소서.
아무 까닭 없이 나를 미워하는 자들이
더 이상 음흉한 미소를 짓지 않게 해 주소서.
20 그들은 따뜻하게 말하지 않습니다.
조용히 지내는 착한 사람들에 대해 온갖 거짓말을 꾸며댑니다.

21 나를 향해 입을 크게 벌리면서,
"하하! 저것 봐라, 네 꼴이 참 좋구나" 하며 빈정댑니다.
22 여호와여, 주님께서 다 보셨습니다.
더 이상 가만히 계시지 마소서.
오 주님이시여, 나를 홀로 내버려 두지 마소서.
23 나의 하나님, 나의 주여, 떨치고 일어나 나를 변호해 주소서.
나의 하나님이시여, 나를 위해 답변해 주소서.
24 여호와 나의 하나님, 주님의 올바른 법을 따라 옳고 그름을
가려 주시고, 그들이 나를 비웃지 못하게 해 주소서.
25 그들이 "하하! 우리 뜻대로 되었다!"라고 생각하지 못하게 하시고
"하하! 우리가 이겼어"라고 말하지 못하게 해 주소서.
26 내 불행을 좋아하는 사람들 모두 부끄러움을 당하게 하시고
혼란스러워하게 해 주소서.
나에게 우쭐거리는 사람들 모두 수치와 창피로 덮으소서.
27 내 결백함을 즐거워하는 사람들이 웃고 소리지르며
즐거워하게 해 주소서. "여호와는 높임을 받으실 분이시며
그의 종이 뜻하는 모든 일이 잘 되어 가는 것을 좋아하시는 분이다"
라고 말하게 해 주소서.
28 내 혀로 주님의 의로우심을 찬양하며, 온종일 주님을 찬송할 것입니다.

✚ **묵상과 기도**

"여호와여, 나와 다투는 자와 다투어 주시고, 나와 싸우는 자와 싸워 주소서. 방패와 갑옷을 집어 드시고 일어나 나를 도와 주소서." 쉬운성경 시 35:1-2

"그리하시면 내가 여호와 안에서 즐거워하며, 여호와께서 베푸신 구원을 인하여 기뻐할 것입니다." 쉬운성경 시 35:9

"내 혀로 주님의 의로우심을 찬양하며, 온종일 주님을 찬송할 것입니다." 쉬운성경 시 35:28

주님, 나와 다투는 자와 대신 다투어 주시고, 나와 싸우는 자와 대신 싸워 주시고, 우리를 주님의 방패와 갑옷으로 보호하소서. 승리는 주께 있음을 믿습니다.
여호와께서 베푸신 구원으로 인하여, 기쁨이 늘 충만하며, 온몸으로 온 마음으로 온종일 주님을 찬양하게 하시며, 세상이 우리를 부러워하게 하소서. 온 세상 가장 아름다운 이름 우리 주 예수 그리스도의 이름으로 간절히 기도합니다. 아멘!

【 시편 36편 】 못된 사람과 좋으신 하나님   (※역본_쉬운성경)

못된 사람과 좋으신 하나님
여호와의 종 다윗의 시. 지휘자를 따라 부른 노래

1 악한 자들의 죄에 관하여 주님께서 내게 알려 주셨습니다.
　악한 자들은 하나님을 조금도 두려워하지 않습니다.
2 그들은 자신을 대단하게 생각합니다.
　그래서 자기 죄를 깨닫지도 못하고,
　그 죄를 미워하지도 않습니다.
3 그들은 항상 악하고 거짓된 말을 내뱉습니다.
　더 이상 지혜롭거나 착한 일을 하지 않습니다.
4 심지어 침대에 누워서도 악한 일을 꾸미며,
　나쁜 길로 가려고 마음을 단단히 먹고
　나쁜 일들을 마다하지 않는 사람입니다.
5 여호와여, 주님의 사랑이 하늘에 닿고,
　주님의 성실하심이 하늘 끝까지 이릅니다.
6 주님의 의로우심이 우람한 산처럼 높고,
　주님의 공평하심이 깊은 바다와 같습니다.
　여호와여, 주는 사람과 짐승을 모두 돌보십니다.
7 하나님이여, 주의 변함없는 사랑이 얼마나 값진 것인지요!
　높은 사람이나 낮은 사람이나 모두가
　주님의 날개 그늘 밑을 그들의 피난처로 삼습니다.
8 주님의 집에서 그들이 마음껏 먹습니다.
　주님은 기쁨의 강에서 물을 길어 사람들에게 마시게 하십니다.

9 주님께 생명의 샘이 있습니다.
　주님의 빛을 통하여 우리가 빛을 볼 수 있습니다.
10 주님을 사랑하는 사람들을 끊임없이 사랑해 주시고,
　마음이 올바른 사람들에게 주의 의를 베푸소서.
11 거만한 자가 내게 발길질하지 못하게 하시며,
　악한 자가 손으로 나를 밀어 내지 못하게 하소서.
12 악한 자들이 쓰러져 다시는 일어나지 못할 것입니다.

✚ **묵상과 기도**

주님, 제가 이런 자가 되지 않게 하소서.

1. 하나님을 조금도 두려워하지 않는 악한 자가 되지 않게 하소서
2. 자신을 대단하게 생각하지도 않게 하소서
3. 자기 죄를 깨닫지 못하는 자 되지 않게 하소서
4. 죄를 미워하지도 않는 무지한 자 되지 않게 하소서
5. 악하고 거짓된 말을 내뱉지 않게 하소서
6. 지혜롭지 못해서 착한 일을 할 줄도 모르는 자 되지 않게 하소서
7. 침대에 누워서 쓸데없는 생각도 하지 않게 하소서
8. 나쁜 길로 가려고 마음먹지 않게 하소서
9. 거만한 자 되지 않게 하소서
    거만한 자가 내게 발길질도 하지 못하게 하소서
10. 악한 자가 되지 않게 하소서
    악한 자가 손으로 나를 밀어 내지 못하게 하소서
11. 악한 자들 때문에 쓰러지지 않게 하소서
    악한 자들이 쓰러져 다시는 일어나지 못하게 하소서
12. 영적 분별력 없는 자 되지 않게 하소서

생명의 샘이요, 생명의 빛이신 우리 주 예수 그리스도의 이름으로 간절히 기도합니다. 아멘!

【 시편 37편 】 악을 행하는 자들 때문에 불평하지 말며

다윗의 시

1 악을 행하는 자들 때문에 불평하지 말며
 불의를 행하는 자들을 시기하지 말지어다
2 그들은 풀과 같이 속히 베임을 당할 것이며
 푸른 채소 같이 쇠잔할 것임이로다
3 여호와를 의뢰하고 선을 행하라
 땅에 머무는 동안 그의 성실을 먹을 거리로 삼을지어다
4 또 여호와를 기뻐하라
 그가 네 마음의 소원을 네게 이루어 주시리로다
5 네 길을 여호와께 맡기라 그를 의지하면 그가 이루시고
6 네 의를 빛 같이 나타내시며
 네 공의를 정오의 빛 같이 하시리로다
7 여호와 앞에 잠잠하고 참고 기다리라
 자기 길이 형통하며 악한 꾀를 이루는 자 때문에
 불평하지 말지어다
8 분을 그치고 노를 버리며 불평하지 말라
 오히려 악을 만들 뿐이라
9 진실로 악을 행하는 자들은 끊어질 것이나
 여호와를 소망하는 자들은 땅을 차지하리로다
10 잠시 후에는 악인이 없어지리니
 네가 그 곳을 자세히 살필지라도 없으리로다
11 그러나 온유한 자들은 땅을 차지하며
 풍성한 화평으로 즐거워하리로다

12 악인이 의인 치기를 꾀하고 그를 향하여 그의 이를 가는도다
13 그러나 주께서 그를 비웃으시리니
　그의 날이 다가옴을 보심이로다
14 악인이 칼을 빼고 활을 당겨 가난하고 궁핍한 자를
　엎드러뜨리며 행위가 정직한 자를 죽이고자 하나
15 그들의 칼은 오히려 그들의 양심을 찌르고
　그들의 활은 부러지리로다
16 의인의 적은 소유가 악인의 풍부함보다 낫도다
17 악인의 팔은 부러지나 의인은 여호와께서 붙드시는도다
18 여호와께서 온전한 자의 날을 아시나니
　그들의 기업은 영원하리로다
19 그들은 환난 때에 부끄러움을 당하지 아니하며
　기근의 날에도 풍족할 것이나
20 악인들은 멸망하고 여호와의 원수들은
　어린 양의 기름 같이 타서 연기가 되어 없어지리로다
21 악인은 꾸고 갚지 아니하나 의인은 은혜를 베풀고 주는도다
22 주의 복을 받은 자들은 땅을 차지하고
　주의 저주를 받은 자들은 끊어지리로다
23 여호와께서 사람의 걸음을 정하시고 그의 길을 기뻐하시나니
24 그는 넘어지나 아주 엎드러지지 아니함은
　여호와께서 그의 손으로 붙드심이로다
25 내가 어려서부터 늙기까지 의인이 버림을 당하거나
　그의 자손이 걸식함을 보지 못하였도다
26 그는 종일토록 은혜를 베풀고 꾸어 주니
　그의 자손이 복을 받는도다
27 악에서 떠나 선을 행하라 그리하면 영원히 살리니

28 여호와께서 정의를 사랑하시고
그의 성도를 버리지 아니하심이로다
그들은 영원히 보호를 받으나 악인의 자손은 끊어지리로다
29 의인이 땅을 차지함이여 거기서 영원히 살리로다
30 의인의 입은 지혜로우며 그의 혀는 정의를 말하며
31 그의 마음에는 하나님의 법이 있으니
그의 걸음은 실족함이 없으리로다
32 악인이 의인을 엿보아 살해할 기회를 찾으나
33 여호와는 그를 악인의 손에 버려두지 아니하시고
재판 때에도 정죄하지 아니하시리로다
34 여호와를 바라고 그의 도를 지키라
그리하면 네가 땅을 차지하게 하실 것이라
악인이 끊어질 때에 네가 똑똑히 보리로다
35 내가 악인의 큰 세력을 본즉
그 본래의 땅에 서 있는 나무 잎이 무성함과 같으나
36 내가 지나갈 때에 그는 없어졌나니
내가 찾아도 발견하지 못하였도다
37 온전한 사람을 살피고 정직한 자를 볼지어다
모든 화평한 자의 미래는 평안이로다
38 범죄자들은 함께 멸망하리니 악인의 미래는 끊어질 것이나
39 의인들의 구원은 여호와로부터 오나니
그는 환난 때에 그들의 요새이시로다
40 여호와께서 그들을 도와 건지시되
악인들에게서 건져 구원하심은 그를 의지한 까닭이로다

✟ 묵상과 기도

여호와 앞에 잠잠하고 참고 기다리게 하소서
악한 사람들 때문에 불평하지 않게 하소서
분을 그치고 노를 버리며 또 다른 악을 만들지 않게 하소서

이런 온전한 자의 날을 주님께서 아시고
그의 기업을 영원히 지켜주소서
오직 여호와만 의지하게 하시고 선을 행하며
땅에 머무는 동안 주님의 성실함을 닮아가게 하소서

우리 마음의 소원을 이루어 주실 우리 주 예수 그리스도의 이름으로 간절히 기도합니다. 아멘!

【 시편 38편 】 내가 우매한 까닭이로소이다

다윗의 기념하는 시

1 여호와여 주의 노하심으로 나를 책망하지 마시고
  주의 분노하심으로 나를 징계하지 마소서
2 주의 화살이 나를 찌르고 주의 손이 나를 심히 누르시나이다
3 주의 진노로 말미암아 내 살에 성한 곳이 없사오며
  나의 죄로 말미암아 내 뼈에 평안함이 없나이다
4 내 죄악이 내 머리에 넘쳐서 무거운 짐 같으니
  내가 감당할 수 없나이다
5 내 상처가 썩어 악취가 나오니 내가 우매한 까닭이로소이다
6 내가 아프고 심히 구부러졌으며 종일토록 슬픔 중에 다니나이다
7 내 허리에 열기가 가득하고 내 살에 성한 곳이 없나이다
8 내가 피곤하고 심히 상하였으매 마음이 불안하여 신음하나이다
9 주여 나의 모든 소원이 주 앞에 있사오며
  나의 탄식이 주 앞에 감추이지 아니하나이다
10 내 심장이 뛰고 내 기력이 쇠하여
  내 눈의 빛도 나를 떠났나이다
11 내가 사랑하는 자와 내 친구들이 내 상처를 멀리하고
  내 친척들도 멀리 섰나이다
12 내 생명을 찾는 자가 올무를 놓고 나를 해하려는 자가
  괴악한 일을 말하여 종일토록 음모를 꾸미오나
13 나는 못 듣는 자 같이 듣지 아니하고
  말 못하는 자 같이 입을 열지 아니하오니
14 나는 듣지 못하는 자 같아서 내 입에는 반박할 말이 없나이다

15 여호와여 내가 주를 바랐사오니
　　내 주 하나님이 내게 응답하시리이다
16 내가 말하기를 두렵건대 그들이 나 때문에 기뻐하며
　　내가 실족할 때에 나를 향하여 스스로 교만할까 하였나이다
17 내가 넘어지게 되었고 나의 근심이 항상 내 앞에 있사오니
18 내 죄악을 아뢰고 내 죄를 슬퍼함이니이다
19 내 원수가 활발하며 강하고 부당하게 나를 미워하는 자가 많으며
20 또 악으로 선을 대신하는 자들이
　　내가 선을 따른다는 것 때문에 나를 대적하나이다
21 여호와여 나를 버리지 마소서
　　나의 하나님이여 나를 멀리하지 마소서
22 속히 나를 도우소서 주 나의 구원이시여

✚ 묵상과 기도

주의 노하심으로 책망을 받고 징계를 받는 다윗은 자신의 죄로 말미암아 그 뼈에 평안함이 없다고 고백합니다. 그 죄악이 머리에 넘쳐서 무거운 짐과 같고 감당하기 어렵다고 호소합니다. 죄의 상처는 썩어서 악취가 날 지경이며, 그 원인은 내가 우매한 까닭이라고 탄식합니다. 몸도 마음도 피폐해져 있는 다윗의 모습입니다.

다윗에게 어떤 일이 있었던 것일까요? 죽음의 그늘이 짙게 드리워져 있습니다. 사랑하는 자들, 친구들, 가족들이 모두 등을 돌렸습니다. 철저히 홀로된 다윗입니다.

내가 죄인이어도, 죽음 앞에서도, 모두가 나를 버려도, 마지막까지 놓지 말아야 할 것, 그것은 딱 한 가지입니다. 나의 구원자를 바라보는 것, 나를 건져내어 줄 확실한 대상을 붙잡는 것입니다. 그리고 "속히 나를 도우소서 주 나의 구원이시여" 시 38:22 라며 기도하는 것, 바로 그것입니다.

주님, 오늘도 우리의 모든 기도에 응답하실 하나님을 바라보며, 다윗처럼 고난의 시간 철저히 홀로 될지라도 기도하며 기다리게 하소서. 우리의 기다림의 모든 시간들을 축복으로 바꾸어 주실, 영원한 구원자 우리 주 예수 그리스도의 이름으로 간절히 기도합니다. 아멘!

【 시편 39편 】 생각하면 할수록 울화가 치밀어 올라서
(※역본_새번역)

용서를 비는 기도
여두둔의 지휘를 따라 부르는 다윗의 노래

1 내가 속으로 다짐하였다. "나의 길을 내가 지켜서,
  내 혀로는 죄를 짓지 말아야지. 악한 자가 내 앞에 있는 동안에는,
  나의 입에 재갈을 물려야지."
2 그래서 나는 입을 다물고, 아무 말도 하지 않았다.
  심지어 좋은 말도 하지 않았더니, 걱정 근심만 더욱더 깊어 갔다.
3 가슴 속 깊은 데서 뜨거운 열기가 치솟고
  생각하면 할수록 울화가 치밀어 올라서
  주님께 아뢰지 않고는 견딜 수 없었다.
4 "주님 알려 주십시오. 내 인생의 끝이 언제입니까?
   내가 얼마나 더 살 수 있습니까? 나의 일생이 얼마나
   덧없이 지나가는 것인지를 말씀해 주십시오."
5 주님께서 나에게 한 뼘 길이밖에 안 되는 날을 주셨으니,
  내 일생이 주님 앞에서는 없는 것이나 같습니다.
  진실로 모든 것은 헛되고, 인생의 전성기조차도
  한낱 입김에 지나지 않습니다. (셀라)
6 걸어 다닌다고는 하지만, 그 한평생이 실로 한오라기
  그림자일 뿐, 재산을 늘리는 일조차도 다 허사입니다.
  장차 그것을 거두어들일 사람이 누구일지는
  아무도 모르는 일입니다.

7 그러므로 주님, 이제, 내가 무엇을 바라겠습니까?
　내 희망은 오직 주님뿐입니다.
8 내가 지은 그 모든 죄악에서 나를 건져 주십시오.
　나로 어리석은 자들의 조롱거리가 되지 않게 해주십시오.
9 내가 잠자코 있으면서 입을 열지 않음은,
　이 모두가 주님께서 하신 일이기 때문입니다.
10 주님의 채찍을 나에게서 거두어 주십시오.
　주님의 손으로 나를 치시면, 내 목숨은 끊어지고 맙니다.
11 주님께서 인간의 잘못을 벌하시고,
　그 아름다움을 좀이 먹은 옷같이 삭게 하시니,
　인생이란 참으로 허무할 뿐입니다. (셀라)
12 주님, 내 기도를 들어 주십시오.
　내 부르짖음에 귀를 기울여 주십시오.
　내 눈물을 보시고, 잠잠히 계시지 말아 주십시오.
　나 또한 나의 모든 조상처럼 떠돌면서
　주님과 더불어 살아가는 길손과 나그네이기 때문입니다.
13 내가 떠나 없어지기 전에 다시 미소 지을 수 있도록
　나에게서 눈길을 단 한 번만이라도 돌려주십시오.

✚ 묵상과 기도

다윗이 이 시를 지었을 때의 나이가 궁금합니다. 인생의 전성기도 지난 나이인 것 같으니, 아마도 중년 그 이후일 것 같습니다. 산전수전 다 겪어보니, 이제는 입에 재갈도 물릴 줄 알고, 잠잠할 줄도 압니다. 그렇다고 해서 해결되는 것도 아닙니다. 내가 나의 마음을 컨트롤한다고 해서 나의 몸도 컨트롤되는 것은 아닙니다. 몸은 정직하니까요.
뜨거운 열기, 울화, 독소가 나의 몸을 치고 있습니다. 우리의 몸과 마음의 밸런스를 어떻게 최적의 상태로 유지할 수 있을까요? 참 중요한 문제입니다. 주님께 답을 찾아보도록 해요. 다윗은 참다못해 하나님께 토로하고 있습니다.

"여호와여 나의 종말과 연한이 언제까지인지 알게 하사 내가 나의 연약함을 알게 하소서" 개역개정 시 39:4

주님이 보시기에 한 뼘 같은 인생, 주 앞에는 없는 것 같은 인생인데, 우리에게는 제일 중요한 인생이 아닐 수 없습니다. 그러나 그 인생이 허무하고 허사스럽다고 고백합니다. (셀라) 여기서는 "셀라"가 중요합니다. 확실한 뜻은 알 수 없으나, 시편이 노래로 불리워 졌으니, 여기서는 잠시 쉬어가는 쉼표와 같다고 생각하시면 될 것 같습니다. 휴우하며 한숨 쉬어가는 것과도 같습니다.

우리도 마찬가지입니다. 쉼 없이 달려왔던 우리의 지난날들을 돌아보면 마치 안개와도 같고 그림자와도 같습니다.

무엇을 위해 재물을 쌓으려 발버둥 치고 노력했나요? 헛된 일로 소란스럽게 움직이시지는 않았나요? 재물은 쌓으나 누가 거둘는지 알지 못한다고 합니다. 개역개정 시 39:6

그렇다면 결론은 무엇인가요? 오늘도 결론은 오직 예수, 오직 주님입니다.

"주여 이제 내가 무엇을 바라리요 나의 소망은 주께 있나이다."
개역개정 시 39:7

주님, 다윗이 그의 종말과 연한이 언제까지인지 알기를 바라며 자신의 연약함을 알게 해 달라고 기도 했던 것처럼, 우리도 세상의 욕심과 화를 내려놓고 지난날의 어리석음을 돌아보며, 새로운 소망으로 주님만 바라보게 하옵소서. 우리의 나그네 같은 인생에 마침표를 찍어주실 우리 주 예수 그리스도의 이름으로 간절히 기도합니다. 아멘!

【 시편 40편 】 멸망의 구덩이와 진흙탕에서 나를 건져 주셨네
(※역본_새번역)

도움을 구하는 기도
지휘자를 따라 부르는 노래, 다윗의 시

1 내가 간절히 주님을 기다렸더니, 주님께서 나를 굽어보시고,
　나의 울부짖음을 들어 주셨네.
2 주님께서 나를 멸망의 구덩이에서 건져 주시고,
　진흙탕에서 나를 건져 주셨네.
　내가 반석을 딛고 서게 해주시고 내 걸음을 안전하게 해주셨네.
3 주님께서 나의 입에 새 노래를,
　우리 하나님께 드릴 찬송을 담아 주셨기에,
　수많은 사람들이 나를 보고 두려운 마음으로 주님을 의지하네.
4 주님을 신뢰하여 우상들과 거짓 신들을 섬기지 않는
　사람은 복되어라.
5 주, 나의 하나님, 주님께서는 놀라운 일을 많이 하시며,
　우리 위한 계획을 많이도 세우셨으니,
　아무도 주님 앞에 이것들을 열거할 수 없습니다.
　내가 널리 알리고 전파하려 해도 이루 헤아릴 수도 없이 많습니다.
6 주님께서는 내 두 귀를 열어 주셨습니다.
　주님은 제사나 예물도 기뻐하지 아니합니다.
　번제나 속죄제도 원하지 않습니다.
7 그 때에 나는 주님께 아뢰었습니다.
"나에 관하여 기록한 두루마리 책에 따라 내가 지금 왔습니다.
8 나의 하나님, 내가 주님의 뜻 행하기를 즐거워합니다.
　주님의 법을 제 마음 속에 간직하고 있습니다."

9 나는 많은 회중 앞에서, 주님께서 나를 구원하신
기쁜 소식을 전합니다. 주님께서 아시듯이,
내가 입을 다물고 있지 않을 것입니다.
10 나를 구원하신 주님의 의를 나의 가슴속에 묻어 두지 않았고,
주님의 성실하심과 구원을 말합니다.
주님의 한결같은 사랑과 그 미쁘심을 많은 회중 앞에서
감추지 않을 것입니다.
11 하나님은 나의 주님이시니,
주님의 긍휼하심을 나에게서 거두지 말아 주십시오.
주님은 한결같은 사랑과 미쁘심으로 언제나 나를 지켜 주십시오.
12 이루 다 헤아릴 수도 없이 많은 재앙이 나를 에워쌌고,
나의 죄가 나의 덜미를 잡았습니다. 눈 앞이 캄캄합니다.
나의 죄가 내 머리털보다도 더 많기에, 나는 희망을 잃었습니다.
13 주님, 너그럽게 보시고 나를 건져 주십시오.
주님, 빨리 나를 도와주십시오.
14 나의 목숨을 앗아가려는 자들이 모두 다 부끄러워하게 하시고,
수치를 당하게 해주십시오. 내가 재난받는 것을 기뻐하는 자들이,
모두 뒤로 물러나서, 수모를 당하게 해주십시오.
15 깔깔대며 나를 조소하는 자들이,
오히려 자기들이 받는 수치 때문에, 놀라게 해주십시오.
16 그러나 주님을 찾는 모든 사람은,
주님 때문에 기뻐하고 즐거워할 것입니다.
주님께서 구원하여 주시기를 바라는 사람은
쉬지 않고 이르기를 "주님은 위대하시다" 할 것입니다.
17 나는 불쌍하고 가난하지만, 주님, 나를 생각하여 주십시오.
주님은 나를 돕는 분이시요, 나를 건져 주는 분이시니,
나의 하나님, 지체하지 말아 주십시오.

✚ 묵상과 기도

"주님께서 나를 멸망의 구덩이에서 건져 주시고, 진흙탕에서 나를 건져 주셨네. 내가 반석을 딛고 서게 해주시고 내 걸음을 안전하게 해주셨네." 새번역 시 40:2

우리를 멸망의 구덩이에서 건져 주신 여호와 하나님을 찬양합니다. 진흙탕 같은 세상의 넓은 길에서 헤매이지 않고, 의의 길 그 좁은 길로 걷게 하시니 감사합니다. 반석되신 예수 그리스도를 의지해 살아갈 때, 그 모든 걸음을 안전하게 보호하시고 축복해 주실 줄 믿습니다.

우리가 행하는 모든 삶의 여정이 주님께 올려드릴 새 노래, 새 예배, 새 역사가 되게 하시고, 수많은 사람들이 우리를 보고 두려운 마음으로 주님을 의지할 수 있도록 복음의 산증인이 되게 하옵소서. 우리의 도움이시요 능력이신, 우리 주 예수 그리스도의 이름으로 간절히 기도합니다. 아멘!

【 시편 41편 】 가난한 자를 보살피는 자에게는 복이 있음이여

다윗의 시, 인도자를 따라 부르는 노래

1 가난한 자를 보살피는 자에게는 복이 있음이여
　재앙의 날에 여호와께서 그를 건지시리로다
2 여호와께서 그를 지키사 살게 하시리니
　그가 이 세상에서 복을 받을 것이라
　주여 그를 그 원수들의 뜻에 맡기지 마소서
3 여호와께서 그를 병상에서 붙드시고
　그가 누워 있을 때마다 그의 병을 고쳐 주시나이다
4 내가 말하기를 여호와여 내게 은혜를 베푸소서
　내가 주께 범죄하였사오니 나를 고치소서 하였나이다
5 나의 원수가 내게 대하여 악담하기를
　그가 어느 때에나 죽고 그의 이름이 언제나 없어질까 하며
6 나를 보러 와서는 거짓을 말하고 그의 중심에
　악을 쌓았다가 나가서는 이를 널리 선포하오며
7 나를 미워하는 자가 다 하나같이 내게 대하여
　수군거리고 나를 해하려고 꾀하며
8 이르기를 악한 병이 그에게 들었으니
　이제 그가 눕고 다시 일어나지 못하리라 하오며
9 내가 신뢰하여 내 떡을 나눠 먹던 나의 가까운 친구도
　나를 대적하여 그의 발꿈치를 들었나이다
10 그러하오니 주 여호와여 내게 은혜를 베푸시고
　나를 일으키사 내가 그들에게 보응하게 하소서 이로써

11 내 원수가 나를 이기지 못하오니
주께서 나를 기뻐하시는 줄을 내가 알았나이다
12 주께서 나를 온전한 중에 붙드시고 영원히 주 앞에 세우시나이다
13 이스라엘의 하나님 여호와를 영원부터 영원까지 송축할지로다
아멘 아멘

✚ 묵상과 기도

"가난한 자를 보살피는 자에게는 복이 있음이여 재앙의 날에 여호와께서 그를 건지시리로다" 시 41:1

가난하고 힘없고 연약한 자를 돌보는 사람은 복이 있습니다. 그에게 재앙이 찾아왔을 때 여호와께서 그를 건져 주시고 지켜주셔서 살게 하시며, 이 세상에서 복을 받을 것이라고 약속하십니다.

주님의 말씀은 알고 있지만, 그 말씀을 나에게 적용하여 그대로 살아가는 것은 왜 이렇게 어려운 것일까요? 마음으로는 축복을 바라지만 몸은 움직이지 않지요. 몸과 마음이 따로따로입니다. 예수님께서 제자들에게 경고하신 바입니다.

"시험에 들지 않게 깨어 기도하라 마음에는 원이로되 육신이 약하도다 하시고" 마 26:41 그 유명한 겟세마네 동산 사건이지요. 매우 중요한 시점에 제자들은 자고 있었고, 예수님은 제자들을 향하여 호소하며 책망하신 말씀입니다.

"마음은 원이로되 육신이 약하도다"라고 말씀을 잘못 적용하며 위안하지 마십시오. 중요한 것은 "시험에 들지 않게 깨어 기도하라"는 말씀입니다. 마음은 있는데 행하지 못한다면 시험이 찾아올 수 있다는 말입니다. 시험이 찾아왔을 때 깨어 있지 못하면, 넘어진다는 이야기입니다. 제자들처럼요.

"너희가 나와 함께 한 시간도 이렇게 깨어 있을 수 없더냐?"
마 26:40

매일 한 시간씩 하나님과 함께하는 루틴을 만들어 보세요. 하나님의 은혜와 평강이 함께 찾아올 것입니다. 하나님의 복지를 누려보십시오. 하나님은 창조주이시고, 구원자 되시고, 왕이십니다. 그런 분과 동행하는 시간이 바로 복이며 영광의 시간입니다.

주님, 우리가 하루에 한 시간씩이라도 영적으로 깨어 있게 하옵소서. 주께서 나를 온전한 중에 붙드시고 영원히 주 앞에 세우시옵소서. 영원부터 영원까지 송축 받으실 우리 주 예수 그리스도의 이름으로 간절히 기도합니다. 아멘!

오직 여호와의 율법을 즐거워하여
그의 율법을 주야로 묵상하는도다

시편 1:2

2권

Knowing me

내 마음이 약해질 때

【 시편 51편 】 내 죄가 항상 내 앞에 있나이다

다윗의 시, 밧세바와 동침한 후 선지자 나단이 그에게 왔을 때

1 하나님이여 주의 인자를 따라 내게 은혜를 베푸시며
　　주의 많은 긍휼을 따라 내 죄악을 지워 주소서
2 나의 죄악을 말갛게 씻으시며 나의 죄를 깨끗이 제하소서
3 무릇 나는 내 죄과를 아오니 내 죄가 항상 내 앞에 있나이다
4 내가 주께만 범죄하여 주의 목전에 악을 행하였사오니
　　주께서 말씀하실 때에 의로우시다 하고
　　주께서 심판하실 때에 순전하시다 하리이다
5 내가 죄악 중에서 출생하였음이여
　　어머니가 죄 중에서 나를 잉태하였나이다
6 보소서 주께서는 중심이 진실함을 원하시오니
　　내게 지혜를 은밀히 가르치시리이다
7 우슬초로 나를 정결하게 하소서 내가 정하리이다
　　나의 죄를 씻어 주소서 내가 눈보다 희리이다
8 내게 즐겁고 기쁜 소리를 들려 주시사
　　주께서 꺾으신 **뼈들**도 즐거워하게 하소서
9 주의 얼굴을 내 죄에서 돌이키시고 내 모든 죄악을 지워 주소서
10 하나님이여 내 속에 정한 마음을 창조하시고
　　내 안에 정직한 영을 새롭게 하소서
11 나를 주 앞에서 쫓아내지 마시며
　　주의 성령을 내게서 거두지 마소서
12 주의 구원의 즐거움을 내게 회복시켜 주시고
　　자원하는 심령을 주사 나를 붙드소서

13 그리하면 내가 범죄자에게 주의 도를 가르치리니
　　죄인들이 주께 돌아오리이다
14 하나님이여 나의 구원의 하나님이여 피 흘린 죄에서
　　나를 건지소서 내 혀가 주의 의를 높이 노래하리이다
15 주여 내 입술을 열어 주소서
　　내 입이 주를 찬송하여 전파하리이다
16 주께서는 제사를 기뻐하지 아니하시나니 그렇지 아니하면
　　내가 드렸을 것이라 주는 번제를 기뻐하지 아니하시나이다
17 하나님께서 구하시는 제사는 상한 심령이라
　　하나님이여 상하고 통회하는 마음을
　　주께서 멸시하지 아니하시리이다
18 주의 은택으로 시온에 선을 행하시고 예루살렘 성을 쌓으소서
19 그 때에 주께서 의로운 제사와 번제와 온전한 번제를
　　기뻐하시리니 그 때에 그들이 수소를 주의 제단에 드리리이다

❖ 묵상과 기도

다윗은 왜 밧세바와 동침하게 되었을까요? 다윗에게 직접 묻고 싶습니다. 왜 하필 밧세바가 목욕하고 있는 그 시간 그곳에, 다윗이 있었던 것일까요?

시간은 저녁 시간입니다. 장소는 왕궁 옥상입니다. 사건 내용은 아주 아름다운 여인이 목욕을 하고 있고, 다윗은 그 모습을 내려다보고 있습니다. 타이밍이 아주 절묘합니다. 그 순간 바로 다윗의 마음에 죄가 들어왔습니다. 안목의 정욕, 육신의 정욕입니다. 탐스러웠던 선악과처럼 욕심을 가진 마음으로 보면 너무 갖고 싶고 먹고 싶습니다.

그 시간 다윗이 있어야 할 자리는 전쟁터였습니다. 암몬과의 전쟁이 있었고, 왕들이 출전하는 때였습니다. 요압과 부하들만 전쟁터에 출전시키고 다윗은 예루살렘에 머물러 있었다고 성경은 말씀하고 있습니다.
삼하 11:1-4

다윗이 있어야 할 자리에 있지 않을 때, 해야 할 일을 미룰 때, 하나님보다 세상과 사람에게 먼저 관심을 가질 때, 그 모든 때를 조심하여야 합니다. 죄는 아주 달콤한 유혹으로 다가옵니다. 그리고 순간 우리 마음을 휘어잡아 버립니다. 죄악 된 본성이 다시 살아납니다. 하나님이 칭찬하는 다윗도 넘어지는데 하물며 우리는 어떨까요?

우리도 우리가 있어야 할 자리에 있지 않을 때, 유혹과 죄가 찾아올 수 있습니다. 사단은 항상 우리의 문 앞에서 대기 중입니다.

어떻게 넘어지게 할까? 약점을 공격합니다. 그리고 하나님과 멀어지게 하고 떠나게 합니다. 하나님은 말씀하셨습니다. '내가 번제를 기뻐하는 것이 아니다'라고요. 보여지는 예배가 아니고, 드려지는 예배, 마음에서 우러나는 감사의 예배, 상하고 통회하며 자복하는 마음으로 드리는 예배, 그런 예배를 받으신다고 하십니다. 그것이 살아있는 예배입니다.

주님, 우리가 감사함으로 온전한 예배를 드리게 하시고, 상하고 통회하는 심령들 위에 하나님의 크신 은혜와 사랑을 충만히 부어 주옵소서. 우리 속에 정한 마음을 창조하시고 정직한 영을 새롭게 부어주시는 우리 주 예수 그리스도의 이름으로 간절히 기도합니다. 아멘!

【 시편 52편 】 하나님의 집에 있는 푸른 감람나무

다윗의 마스길, 인도자를 따라 부르는 노래, 에돔인 도엑이 사울에게 이르러 다윗이 아히멜렉의 집에 왔다고 그에게 말하던 때에

1 포악한 자여 네가 어찌하여 악한 계획을 스스로 자랑하는가
 하나님의 인자하심은 항상 있도다
2 네 혀가 심한 악을 꾀하여 날카로운 삭도 같이 간사를 행하는도다
3 네가 선보다 악을 사랑하며 의를 말함보다 거짓을 사랑하는도다 (셀라)
4 간사한 혀여 너는 남을 해치는 모든 말을 좋아하는도다
5 그런즉 하나님이 영원히 너를 멸하심이여
 너를 붙잡아 네 장막에서 뽑아 내며
 살아 있는 땅에서 네 뿌리를 빼시리로다 (셀라)
6 의인이 보고 두려워하며 또 그를 비웃어 말하기를
7 이 사람은 하나님을 자기 힘으로 삼지 아니하고
 오직 자기 재물의 풍부함을 의지하며
 자기의 악으로 스스로 든든하게 하던 자라 하리로다
8 그러나 나는 하나님의 집에 있는 푸른 감람나무 같음이여
 하나님의 인자하심을 영원히 의지하리로다
9 주께서 이를 행하셨으므로 내가 영원히 주께 감사하고
 주의 이름이 선하시므로 주의 성도 앞에서
 내가 주의 이름을 사모하리이다

✤ 묵상과 기도

　세상에는 포악하고 악한 계획을 가진 사람들이 참 많습니다. 자기의 유익을 위해서 다른 사람을 이용합니다. 또 간사한 혀로 심한 악을 꾀하며 거짓을 꾸미고 간사하게 위선을 행합니다. 그런 자가 바로 도엑이었습니다. 도엑과 세상의 모든 악한 자들에게 하나님이 말씀하십니다.

　"그런즉 하나님이 영원히 너를 멸하심이여 너를 붙잡아 네 장막에서 뽑아 내며 살아 있는 땅에서 네 뿌리를 빼시리로다" 시 52:5

　하나님의 심판은 무섭습니다. 축복의 말씀도 복되지만, 심판의 말씀은 더욱 복됩니다. 그 말씀을 가슴에 새겨 놓으면 우리가 악인의 길로 가게 될 때, 때론 악한 자들에게 고통을 받을 때, 돌이킬 수 있는 힘, 인내할 수 있는 힘이 되어집니다. 당근과 채찍이 잘 조화를 이루면 더욱 좋은 것이겠지요.

　다윗도 그랬습니다. 다윗을 죽이려고 했던 도엑의 악한 행동 앞에서, 죽음의 위기 앞에서도 의로운 하나님께 모든 것을 맡기며 그것을 이루실 하나님을 향한 그 믿음이 이 모든 것을 참고 버티게 할 수 있었습니다. 다윗이 밧세바를 범하고 인생 일대의 가장 큰 죄악을 저질렀을 때에도, 사울 왕이 자신을 죽이려고 한 오늘도, 인생에서 가장 힘들고 가장 연약한 그 시점에 다윗은 하나님 앞에 있었습니다. 전능하신 하나님 앞에 있었습니다.

지금 거하고 있는 나의 영적 주소는 어디인가요?
다윗은 마지막으로 이렇게 고백합니다.

"그러나 나는 하나님의 집에 있는 푸른 감람나무 같음이여 하나님의 인자하심을 영원히 의지하리로다. 주께서 이를 행하셨으므로 내가 영원히 주께 감사하고 주의 이름이 선하시므로 주의 성도 앞에서 내가 주의 이름을 사모하리이다." 시 52:8-9

주님, 오늘도 하나님의 집에 있는 푸른 감람나무 같은 내가 되기를 바라며, 하나님의 인자하심을 영원히 의지하게 하옵소서. 선하시고 인자하심이 영원하신 우리 주 예수 그리스도의 이름으로 간절히 기도합니다. 아멘!

【 시편 53편 】 어리석은 자는 그의 마음에 이르기를
하나님이 없다 하도다

다윗의 마스길, 인도자를 따라 마할랏에 맞춘 노래

1 어리석은 자는 그의 마음에 이르기를 하나님이 없다 하도다
 그들은 부패하며 가증한 악을 행함이여 선을 행하는 자가 없도다
2 하나님이 하늘에서 인생을 굽어살피사
 지각이 있는 자와 하나님을 찾는 자가 있는가 보려 하신즉
3 각기 물러가 함께 더러운 자가 되고 선을 행하는 자 없으니
 한 사람도 없도다
4 죄악을 행하는 자들은 무지하냐 그들이 떡 먹듯이
 내 백성을 먹으면서 하나님을 부르지 아니하는도다
5 그들이 두려움이 없는 곳에서 크게 두려워하였으니
 너를 대항하여 진 친 그들의 뼈를 하나님이 흩으심이라
 하나님이 그들을 버리셨으므로 네가 그들에게 수치를 당하게 하였도다
6 시온에서 이스라엘을 구원하여 줄 자 누구인가
 하나님이 자기 백성의 포로된 것을 돌이키실 때에
 야곱이 즐거워하며 이스라엘이 기뻐하리로다

✤ 묵상과 기도

하나님이 오늘도 하늘에서 인생을 굽어살피시고 계십니다. 무엇을 살피시는 것일까요? 지각(지혜)이 있는 자와 하나님을 찾는 자가 있는지 보려 하신다고 합니다. (시편 14편과 같은 내용입니다.)

하나님께서는 우리의 하루 일과를 다 알고 계시겠지요? 하루하루 정신없이 일하고 생활하는 모든 시간 속 나의 모습과 나의 마음들이 어떠한지까지도요. 하나님께서 우리의 일거수일투족을 다 아시는데 무엇을 찾으시는 것일까요? 우리의 마음을 찾으실 것입니다. 그 마음에 지혜가 있어 하나님을 깨닫는 자, 그가 매일 우리를 바라보고 계신 것을 알고, 그에게 반응하여 하나님을 찾는 자, 하나님을 매 순간 의식하는 자, 하나님의 마음을 알아차리는 자, 하나님을 더욱 알고 싶은 자....

"어리석은 자는 그의 마음에 이르기를 하나님이 없다 하도다 그들은 부패하며 가증한 악을 행함이여 선을 행하는 자가 없도다" 시 53:1
라고 말합니다.

어리석은 자와 지혜자는 한 끗 차이입니다. 그 마음에 하나님이 있는지 없는지, 무엇이 중요한지 중요하지 않은지 그것을 바라볼 수 있는 마음의 분별력, 그것이 지혜입니다. 지혜도 하나님의 은혜로 받게 되는 선물입니다.

주님, 우리에게 매일 주어지는 시간의 주인은 하나님이심을 늘 기억하며, 하나님께서 우리에게 허락하신 시간의 선물을 잘 선용하여, 내 시간에 하나님을 맞추려고 하지 말고, 하나님의 시간표에 나의 시간을 맞추어 드리는 지혜로운 자, 하나님이 찾으시는 자 되게 하옵소서.

그다음 선물은 하나님 손에 있음을 기대하며, "나의 사랑, 내 어여쁜 자야 일어나서 함께 가자" 아 2:10 고백하시는 우리 주 예수 그리스도의 이름으로 간절히 기도합니다. 아멘!

【 시편 54편 】 하나님이여 주의 이름으로 나를 구원하시고

다윗의 마스길, 인도자를 따라 현악에 맞춘 노래,
십 사람이 사울에게 이르러 말하기를 다윗이 우리가 있는 곳에
숨지 아니하였나이까 하던 때에

1 하나님이여 주의 이름으로 나를 구원하시고
　주의 힘으로 나를 변호하소서
2 하나님이여 내 기도를 들으시며 내 입의 말에 귀를 기울이소서
3 낯선 자들이 일어나 나를 치고 포악한 자들이 나의 생명을
　수색하며 하나님을 자기 앞에 두지 아니하였음이니이다 (셀라)
4 하나님은 나를 돕는 이시며
　주께서는 내 생명을 붙들어 주시는 이시니이다
5 주께서는 내 원수에게 악으로 갚으시리니
　주의 성실하심으로 그들을 멸하소서
6 내가 낙헌제로 주께 제사하리이다
　여호와여 주의 이름에 감사하오리니 주의 이름이 선하심이니이다
7 참으로 주께서는 모든 환난에서 나를 건지시고
　내 원수가 보응 받는 것을 내 눈이 똑똑히 보게 하셨나이다

✤ 묵상과 기도

오늘도 다윗은 하나님의 구원을 기다립니다. 다윗은 하나님의 구원을 받기 위해 또 기도합니다. 하루하루가 고난의 연속입니다. 다윗에게 고난이 없었다면 이렇게나 간절하게 기도할 수 있었을까요? 고난의 양 만큼이나 기도의 양도 그의 믿음의 양도 정비례하는 것 같습니다.

"하나님이여 내 기도를 들으시며 내 입의 말에 귀를 기울이소서."
시 54:2

구원받은 주의 백성들에게는 구원의 범위가 매우 넓어집니다. 답답한 나의 환경과 형편 속에서 놓임 받는 것도 구원이고, 문제가 해결되어지는 것도 구원이고, 두려움과 염려 속에서 평안으로 인도함 받는것도 구원이고, 안전하게 하루하루 하나님의 보호 가운데 살아가는 것도 구원의 은혜입니다. 우리의 힘으로 안 되는 모든 것들을 하나님께서 바꾸어 주시는 모든 것들이 다 구원입니다. 구원은 하나님 영역입니다.

오늘도 구원을 외치는 다윗의 mind와 자세는 이러합니다.

- 하나님은 나를 돕는 분이십니다.
- 하나님은 내 생명을 붙들어 주시는 분이십니다.
- 하나님은 내 원수를 갚아주시는 분이십니다.
- 하나님은 성실하심으로 악인을 멸하시는 분이십니다.
- 하나님께 아낌없이 제사 드리겠습니다.
- 하나님의 이름에 감사를 드립니다.

- 하나님의 이름이 선하십니다.
- 하나님은 모든 환난에서 나를 건지셨습니다.
- 하나님은 내 원수의 최후가 어떠한지 내 눈에 똑똑히 보여주셨습니다.

주님, 다윗처럼 하나님이 어떠한 분이신지 정확히 알게 하시고, 구원자 되시는 하나님의 이름을 선포하며 기도하게 하시고, 매일의 삶 속에서 하나님의 구원을 경험하게 하옵소서. 길이요, 진리요, 생명이 되시는 구원의 그 이름 우리 주 예수 그리스도의 이름으로 간절히 기도합니다. 아멘!

【 시편 55편 】 내가 멀리 날아가서 광야에 머무르리로다

다윗의 마스길, 인도자를 따라 현악에 맞춘 노래

1 하나님이여 내 기도에 귀를 기울이시고
   내가 간구할 때에 숨지 마소서
2 내게 굽히사 응답하소서
   내가 근심으로 편하지 못하여 탄식하오니
3 이는 원수의 소리와 악인의 압제 때문이라
   그들이 죄악을 내게 더하며 노하여 나를 핍박하나이다
4 내 마음이 내 속에서 심히 아파하며
   사망의 위험이 내게 이르렀도다
5 두려움과 떨림이 내게 이르고 공포가 나를 덮었도다
6 나는 말하기를 만일 내게 비둘기같이 날개가 있다면
   날아가서 편히 쉬리로다
7 내가 멀리 날아가서 광야에 머무르리로다 (셀라)
8 내가 나의 피난처로 속히 가서 폭풍과 광풍을 피하리라 하였도다
9 내가 성내에서 강포와 분쟁을 보았사오니
   주여 그들을 멸하소서 그들의 혀를 잘라 버리소서
10 그들이 주야로 성벽 위에 두루 다니니
    성 중에는 죄악과 재난이 있으며
11 악독이 그 중에 있고 압박과 속임수가
    그 거리를 떠나지 아니하도다
12 나를 책망하는 자는 원수가 아니라 원수일진대
    내가 참았으리라 나를 대하여 자기를 높이는 자는

나를 미워하는 자가 아니라 미워하는 자일진대
내가 그를 피하여 숨었으리라
13 그는 곧 너로다 나의 동료, 나의 친구요 나의 가까운 친우로다
14 우리가 같이 재미있게 의논하며 무리와 함께 하여
하나님의 집 안에서 다녔도다
15 사망이 갑자기 그들에게 임하여 산 채로 스올에 내려갈지어다
이는 악독이 그들의 거처에 있고 그들 가운데에 있음이로다
16 나는 하나님께 부르짖으리니 여호와께서 나를 구원하시리로다
17 저녁과 아침과 정오에 내가 근심하여 탄식하리니
여호와께서 내 소리를 들으시리로다
18 나를 대적하는 자 많더니 나를 치는 전쟁에서
그가 내 생명을 구원하사 평안하게 하셨도다
19 옛부터 계시는 하나님이 들으시고 그들을 낮추시리이다 (셀라)
그들은 변하지 아니하며 하나님을 경외하지 아니함이니이다
20 그는 손을 들어 자기와 화목한 자를 치고 그의 언약을 배반하였도다
21 그의 입은 우유 기름보다 미끄러우나 그의 마음은 전쟁이요
그의 말은 기름보다 유하나 실상은 뽑힌 칼이로다
22 네 짐을 여호와께 맡기라 그가 너를 붙드시고
의인의 요동함을 영원히 허락하지 아니하시리로다
23 하나님이여 주께서 그들로 파멸의 웅덩이에 빠지게 하시리이다
피를 흘리게 하며 속이는 자들은 그들의 날의 반도
살지 못할 것이나 나는 주를 의지하리이다

❖ 묵상과 기도

시편 55편 새번역본의 표제는 "친구에게 배신당함"입니다. 오늘 다윗이 근심하며 탄식하는 이유는 그의 친한 친구 때문입니다. 그래서 그 마음속에 크나큰 진통이 찾아옵니다. 두려움과 떨림과 공포의 강도가 배가 됩니다. 믿었던 친구의 배신은 그 어떤 두려움의 대상과는 차원이 다르기에, 그저 새처럼 멀리 날아가서 광야에 머무르고 싶습니다. 항상 악인들 앞에 정공법으로 대응했던 다윗도 이번 경우만은 좀 다릅니다. 피하고 싶습니다. 아무도 없는 곳으로 멀리 사라지고 싶습니다.

"내가 멀리 날아가서 광야에 머무르리로다" 시 55:7

"우리가 같이 재미있게 의논하며 무리와 함께 하여 하나님의 집 안에서 다녔도다" 시 55:14

어제의 동지가 오늘의 적입니다. 다윗은 그런 악한 자들의 혀를 잘라달라고 애원합니다.

"내가 성내에서 강포와 분쟁을 보았사오니 주여 그들을 멸하소서 그들의 혀를 잘라 버리소서" 시 55:9

예수님께서는 "입에서 나오는 것들은 마음에서 나오나니 이것이야말로 사람을 더럽게 하느니라 마음에서 나오는 것은 악한 생각과 살인과 간음과 음란과 도둑질과 거짓 증언과 비방이니" 마 18-19 라고 말씀하셨습니다.

우리의 한마디 말이 상대방에게는 칼이 되어 그의 마음을 찌르고 있는지도 모릅니다. 그것이 예수님이 말씀하시는 마음으로 저지르는 살인입니다. 말 속에는 많은 것이 담겨있습니다. 그것이 나의 마음과 생각으로부터 입으로 나오기 때문이겠지요.

주님, 우리의 마음에 바닷물이 파도치듯이 매일 수많은 말들이 밀려 들어 마음이 요동칠 때가 너무나 많습니다. 그런 우리의 마음에 하나님의 사랑의 말씀, 위로의 말씀, 영혼을 소성케 하는 말씀의 생기를 불어 넣어 주옵소서. 또한, 우리 입술의 말과 그 마음까지 감찰하시는 하나님 앞에서 늘 정결한 모습으로 살아갈 수 있도록 성령님께서 도와 주옵소서. 우리의 연약함을 도우시는 우리 주 예수 그리스도의 이름으로 간절히 기도합니다. 아멘!

【 시편 56편 】 하나님이 내 편이심을 내가 아나이다

다윗의 믹담 시, 인도자를 따라 요낫 엘렘 르호김에 맞춘 노래, 다윗이 가드에서 블레셋인에게 잡힌 때에

1 하나님이여 내게 은혜를 베푸소서
 사람이 나를 삼키려고 종일 치며 압제하나이다
2 내 원수가 종일 나를 삼키려 하며
 나를 교만하게 치는 자들이 많사오니
3 내가 두려워하는 날에는 내가 주를 의지하리이다
4 내가 하나님을 의지하고 그 말씀을 찬송하올지라
 내가 하나님을 의지하였은즉 두려워하지 아니하리니
 혈육을 가진 사람이 내게 어찌하리이까
5 그들이 종일 내 말을 곡해하며
 나를 치는 그들의 모든 생각은 사악이라
6 그들이 내 생명을 엿보았던 것과 같이
 또 모여 숨어 내 발자취를 지켜보나이다
7 그들이 악을 행하고야 안전하오리이까
 하나님이여 분노하사 뭇 백성을 낮추소서
8 나의 유리함을 주께서 계수하셨사오니
 나의 눈물을 주의 병에 담으소서
 이것이 주의 책에 기록되지 아니하였나이까
9 내가 아뢰는 날에 내 원수들이 물러가리니
 이것으로 하나님이 내 편이심을 내가 아나이다
10 내가 하나님을 의지하여 그의 말씀을 찬송하며
 여호와를 의지하여 그의 말씀을 찬송하리이다

11 내가 하나님을 의지하였은즉 두려워하지 아니하리니
  사람이 내게 어찌하리이까
12 하나님이여 내가 주께 서원함이 있사온즉
  내가 감사제를 주께 드리리니
13 주께서 내 생명을 사망에서 건지셨음이라
  주께서 나로 하나님 앞, 생명의 빛에 다니게 하시려고
  실족하지 아니하게 하지 아니하셨나이까

❖ 묵상과 기도

다윗의 고난은 여전히 ING입니다. 그 고난은 언제까지 계속되는 것일까요? 다윗의 험악한 고난의 시간들이 우리가 당한 직접적인 고난이 아니기에, 그저 남의 일로 여겨집니다. 내 마음에 와닿지 않습니다. 관심이 없습니다. 그런데 왜 하나님은 이 많은 고난의 시간들을 성경에 자세하게 많이 기록하여 놓으셨을까요?

고난은 모든 사람에게 여러 모양으로 찾아옵니다. 경중과 모양은 다를 수 있지만, 그것을 피할 수는 없다는 측면에서 보면 모두가 같은 출발선에 서 있습니다. 긴장이 됩니다. 두렵기도 합니다. 허들의 높이가 높으면 높을수록 힘이 듭니다. 훈련이 필요하지요. 뛰어넘을 타이밍과 멈춰야 할 타이밍을 잘 맞추어야 장애물을 뛰어넘을 수 있습니다. 힘도 필요하고, 기술도 필요하고, 끝까지 달리려면 정신력과 인내심도 필요합니다. 우리들 모두 선수이니 코치와 감독의 가이드도 필요할 것입니다.

시편 56편은 다윗의 고난 통과 매뉴얼과 같습니다. 고난(두려움)이 찾아올 때 다윗은 어떻게 이것들을 극복했는지 그 실천 사항을 살펴보겠습니다.

"내가 하나님을 의지하였은즉 두려워하지 아니하리니 혈육을 가진 사람이 내게 어찌하리이까" 시 56:4

"내가 아뢰는 날에 내 원수들이 물러가리니 이것으로 하나님이 내 편이심을 내가 아나이다" 시 56:9

"내가 하나님을 의지하여 그의 말씀을 찬송하며 여호와를 의지하여 그의 말씀을 찬송하리이다" 시 56:10

"주께서 내 생명을 사망에서 건지셨음이라 주께서 나로 하나님 앞, 생명의 빛에 다니게 하시려고 실족하지 아니하게 하지 아니하셨나이까" 시 56:13

첫 번째 고난 대처법은 두려워하지 않는것입니다. 다윗처럼 큰 소리로 외쳐보십시오. "사람이 내게 어찌하리이까"
두 번째 고난 대처법은 내 편이신 하나님께 기도하는 것입니다.
세 번째 고난 대처법은 그의 말씀을 찬송하며, 생명을 건지시고 실족하지 않게 하신 하나님께 감사하는 것입니다.

주님, 다윗의 고난을 통해 우리에게 고난 통과 방법을 알려주시니 감사합니다. 우리가 고난의 시간을 지날 때, 사람을 두려워하지 않고, 오직 내 편 되시는 하나님만 의지하는 우리가 되게 하옵소서. 고난의 자리 끝에서 두 팔 벌리고 기다리시는 우리 주 예수 그리스도의 이름으로 간절히 기도합니다. 아멘!

【 시편 57편 】 내 마음이 확정되었고 내 마음이 확정되었사오니

다윗의 믹담 시, 인도자를 따라 알다스헷에 맞춘 노래,
다윗이 사울을 피하여 굴에 있던 때에

1 하나님이여 내게 은혜를 베푸소서 내게 은혜를 베푸소서
 내 영혼이 주께로 피하되 주의 날개 그늘 아래에서
 이 재앙들이 지나기까지 피하리이다
2 내가 지존하신 하나님께 부르짖음이여
 곧 나를 위하여 모든 것을 이루시는 하나님께로다
3 그가 하늘에서 보내사 나를 삼키려는 자의 비방에서
 나를 구원하실지라 (셀라)
 하나님이 그의 인자와 진리를 보내시리로다
4 내 영혼이 사자들 가운데에서 살며
 내가 불사르는 자들 중에 누웠으니 곧 사람의 아들들 중에라
 그들의 이는 창과 화살이요 그들의 혀는 날카로운 칼 같도다
5 하나님이여 주는 하늘 위에 높이 들리시며
 주의 영광이 온 세계 위에 높아지기를 원하나이다
6 그들이 내 걸음을 막으려고 그물을 준비하였으니
 내 영혼이 억울하도다 그들이 내 앞에 웅덩이를 팠으나
 자기들이 그 중에 빠졌도다 (셀라)
7 하나님이여 내 마음이 확정되었고 내 마음이 확정되었사오니
 내가 노래하고 내가 찬송하리이다
8 내 영광아 깰지어다 비파야, 수금아, 깰지어다
 내가 새벽을 깨우리로다

9 주여 내가 만민 중에서 주께 감사하오며
　뭇 나라 중에서 주를 찬송하리이다
10 무릇 주의 인자는 커서 하늘에 미치고
　주의 진리는 궁창에 이르나이다
11 하나님이여 주는 하늘 위에 높이 들리시며
　주의 영광이 온 세계 위에 높아지기를 원하나이다

❖ 묵상과 기도

오늘 다윗은 사울을 피해 동굴 속에 숨어 있습니다. 얼마나 두려울까요? 깜깜한 동굴 속도 무서운데, 발각되면 바로 죽음이기에, 더 깊고 더 어두운 곳으로 사람들이 찾을 수 없는 곳으로 가야만 했겠지요? 두려움과 어둠 속 죽음의 공포가 밀려들어 질식할 것 같습니다. 우리는 지금, 다윗의 수많은 고통의 시편들을 들여다보면서 한가지 다윗의 공통된 모습과 행동들을 발견할 수 있습니다.

고난에 대해 힘들어는 하는데, 고난에 대해 깊이 고민하지 않습니다. "이 고난이 왜 나에게 온 것인지? 무엇 때문에 저 사람은 날 괴롭히는 것인지, 어떻게 내가 이 고난을 극복해 나갈 수 있을 것인지? 또 고난이 언제까지 계속될 것인지?" 등등 다윗은 이러한 내용들로 고난을 받아들이지 않습니다. 결국 고난을 스스로 해결하려고 하지 않습니다. 고난이 주는 교묘한 덫에 걸려들지 않습니다. 놀랍습니다.

우리들은 대개 고난이나 문제가 생기면, 먼저 고민하느라고 머리가 아픕니다. 그리고 마음이 아주 복잡해지고 예민해집니다. 감정이 올라가고 결국 폭발하게 됩니다. 고난의 출발점에서부터 바로 넘어지게 됩니다. 염려하며 낙심하게 됩니다. 우울하게 됩니다. 이 프로세스는 결국 사단이 제일 좋아하는 방법이고 계략입니다. 그런데 다윗의 방법은 하나님께서 가장 좋아하시는 방법입니다.

하나, 하나님을 부른다 (1절)

둘, 내 상황을 소상히 아뢴다 (2절)

셋, 도와 달라, 복수해 달라고 간청한다 (3절)

넷, 악인들의 모습을 하나님께 소상히 아뢴다 (4절~6절)

다섯, 다짐하고 결단하고 선포한다 (7절~8절)

여섯, 찬양하며, 감사하며, 하나님께 영광을 돌린다 (9절~11절)

다윗의 다짐입니다. 우리가 잘 아는 찬양이지요.

"하나님이여 내 마음이 확정되었고 내 마음이 확정되었사오니 내가 노래하고 내가 찬송하리이다 내 영광아 깰지어다 비파야, 수금아, 깰지어다 내가 새벽을 깨우리로다" 시 57:7-8

주님, 고난 중에도 분명 우리가 해야 할 부분과, 하나님께서 행하시는 영역이 분명히 다름을 말씀에서 깨닫게 하시니 감사드립니다. 다윗을 통해 믿음의 표본을 제시하여 주셨으니, 고난 가운데에도 말씀에 의지하여 날마다 성장하며, 승리하는 삶 살아가게 하옵소서. 인자와 진리가 무궁하신 우리 주 예수 그리스도의 이름으로 간절히 기도합니다. 아멘!

【 시편 58편 】 듣지 못하는 코브라의 독   (※역본_쉬운성경)

불공정한 재판관, 알다스헷 곡조에 맞춰 지휘자를 따라 부른 노래

1 통치자들이여, 당신들은 참으로 옳은 것을 말합니까?
 재판장들이여, 당신들은 사람을 공정하게 심판합니까?
2 아닙니다. 당신들은 마음속으로는 불의를 꾸밉니다.
 당신들은 이 땅에서 폭력을 휘두릅니다.
3 못된 사람들은 태어날 때부터 잘못된 길로 갑니다.
 그들은 태어나자마자 그릇된 길로 가면서 거짓말을 합니다.
4 그들이 내뿜는 독은 뱀의 독과 같으며,
 듣지 못하는 코브라의 독과 같습니다.
5 그들은 피리 부는 사람의 가락에 귀를 기울이지 않으며,
 아무리 아름답게 연주를 해도 귀를 기울이지 않습니다.
6 오 하나님, 그들 입 속의 이를 부러뜨려 주소서.
 오 여호와여, 저 사자들의 어금니를 뽑아 버리십시오!
7 흘러가 버리는 물처럼 그들을 사라지게 하소서.
 부러진 화살처럼 꺾어 주소서.
8 그들이 움직일 때, 몸이 녹아 없어지는 달팽이 같게 해 주시고,
 해를 한 번도 보지 못하고 죽는 갓난아기 같게 하소서.
9 악한 자들이 푸르거나 말랐거나 상관없이 그들을 없애 버리실 것입니다.
 타는 가시나무가 가마를 덥히기도 전에 없애 버리실 것입니다.
10 의로운 사람들은 악한 사람들이 되갚음 당하는 것을 볼 때에
 기뻐할 것이며, 악한 사람들의 피로 그들의 발을 씻을 때에
 즐거워할 것입니다.

11 사람들은 입을 모아 다음과 같이 말할 것입니다.
"의로운 사람은 반드시 보상이 있을 것입니다.
세상을 심판하시는 하나님이 정말로 계십니다."

❖ 묵상과 기도

세상에는 불공정한 재판관이 허다합니다. 그러나 하늘에는 세상을 심판하시는 공의로운 하나님이 계십니다. 독을 내뿜으며 세상을 악하게 물들이는 불의한 사람들을 귀머거리 코브라에 비유합니다. 심판의 경고를 전혀 듣지 않습니다. 귀가 막혀 있습니다. 그래서 멋대로 행동합니다. 악한 통치자들의 최후는 그들이 힘으로 여겼던, 독기 가득한 이가 부러지고 뽑히며, 물처럼 흘러가 없어지고, 달팽이처럼 몸이 녹아 없어지며, 해를 못 보며 죽어가고, 결국 불살라 사라져 버릴 것이라 말씀합니다. 시편 2편에서는 악한 통치자와 불의한 재판장들을 향해 "하늘에 계신 이가 웃으심이여 주께서 그들을 비웃으시리로다" 개역개정 시 2:4 고 하셨고, "내가 나의 왕을 내 거룩한 산 시온에 세웠다하시리로다" 개역개정 시 2:6 말씀하셨습니다.

"그러므로 세상 왕들아! 지혜롭게 행동하여라. 세상의 통치자들아! 조심하여라. 두려운 마음으로 여호와를 섬기고, 떨리는 마음으로 그분을 찬양하여라. 그의 아들을 정중하게 섬겨라. 그렇지 않으면 너희가 가는 길에서 망하게 된다. 왜냐하면 주님의 분노가 순식간에 불붙듯이 타오를 것이기 때문이다. 여호와를 의지하는 사람은 복을 받을 것이다." 쉬운성경 시 2:10-12

주님, 심판의 왕이신 예수님을 다시 바라보게 하시니 감사합니다. 의로운 사람에게는 보상이 있고, 하나님을 의지하는 자는 복을 받을 것이라고 말씀하신 것이 이루어질 것을 믿기에, 더욱 하나님을 경외하며 죄를 멀리하는 삶 살아가게 하옵소서. 오늘도 살아 역사하시고 통치하시는 우리 주 예수 그리스도의 이름으로 간절히 기도합니다. 아멘!

【 시편 59편 】 하나님은 나의 요새이시며

다윗의 믹담 시, 인도자를 따라 알다스헷에 맞춘 노래,
사울이 사람을 보내어 다윗을 죽이려고 그 집을 지킨 때에

1 나의 하나님이여 나의 원수에게서 나를 건지시고
  일어나 치려는 자에게서 나를 높이 드소서
2 악을 행하는 자에게서 나를 건지시고
  피 흘리기를 즐기는 자에게서 나를 구원하소서
3 그들이 나의 생명을 해하려고 엎드려 기다리고
  강한 자들이 모여 나를 치려 하오니
  여호와여 이는 나의 잘못으로 말미암음이 아니요
  나의 죄로 말미암음도 아니로소이다
4 내가 허물이 없으나 그들이 달려와서 스스로 준비하오니
  주여 나를 도우시기 위하여 깨어 살펴 주소서
5 주님은 만군의 하나님 여호와, 이스라엘의 하나님이시오니
  일어나 모든 나라들을 벌하소서 악을 행하는 모든 자들에게
  은혜를 베풀지 마소서 (셀라)
6 그들이 저물어 돌아와서 개처럼 울며 성으로 두루 다니고
7 그들의 입으로는 악을 토하며 그들의 입술에는 칼이 있어
  이르기를 누가 들으리요 하나이다
8 여호와여 주께서 그들을 비웃으시며 모든 나라들을 조롱하시리이다
9 하나님은 나의 요새이시니
  그의 힘으로 말미암아 내가 주를 바라리이다
10 나의 하나님이 그의 인자하심으로 나를 영접하시며
   하나님이 나의 원수가 보응 받는 것을 내가 보게 하시리이다

11 그들을 죽이지 마옵소서 나의 백성이 잊을까 하나이다
　우리 방패 되신 주여 주의 능력으로 그들을 흩으시고 낮추소서
12 그들의 입술의 말은 곧 그들의 입의 죄라
　그들이 말하는 저주와 거짓말로 말미암아
　그들이 그 교만한 중에서 사로잡히게 하소서
13 진노하심으로 소멸하시되 없어지기까지 소멸하사
　하나님이 야곱 중에서 다스리심을 땅 끝까지 알게 하소서 (셀라)
14 그들에게 저물어 돌아와서 개처럼 울며 성으로 두루 다니게 하소서
15 그들은 먹을 것을 찾아 유리하다가 배부름을 얻지 못하면
　밤을 새우려니와
16 나는 주의 힘을 노래하며 아침에 주의 인자하심을 높이 부르오리니
　주는 나의 요새이시며 나의 환난 날에 피난처심이니이다
17 나의 힘이시여 내가 주께 찬송하오리니 하나님은 나의 요새이시며
　나를 긍휼히 여기시는 하나님이심이니이다

❖ 묵상과 기도

다윗은 참 솔직한 사람인 것 같습니다. 마음속에 고통이 있을 때, 괴로움이 있을 때 그때마다 하나님 앞에 나와서 속에 있는 이야기를 다 풀어 놓습니다. 어린아이 같습니다. 그런 다윗을 하나님은 참 좋아하십니다.

매일매일 음식을 먹고 그 영양분으로 몸은 일하며 살아갈 힘을 얻습니다. 그런데 한 가지 중요한 원리는 몸에 남은 불필요한 찌꺼기는 꼭 버려져야 한다는 것입니다. 배설물이 몸에 남아있으면 어떻게 될까요? 몸은 병이 들겠지요.

마음도 마찬가지입니다. 매일매일 쌓이는 스트레스, 화, 분노, 미움, 증오, 시기, 질투, 교만, 분주함, 세상의 습관 등 이런 것들이 쌓이면 어떻게 될까요? 감정의 찌꺼기 마음의 찌꺼기도 매일매일 버려져야 합니다. 소화된 음식처럼요. 그래야 마음도 건강해질 것입니다. 그럼 마음의 찌꺼기는 어떻게 버려야 할까요? 다윗처럼 해보세요.

하나님께서는 "모든 지킬 만한 것 중에 더욱 네 마음을 지키라 생명의 근원이 이에서 남이니라" 잠 4:23 말씀하셨습니다.

다윗은 기쁠 때나 슬플 때나 특히 고통 중에 있을 때에 더욱 그 마음을 잘 지켜내었기에, 하나님의 마음에 합한 자가 된 것입니다. 말씀이신 성령 하나님을 마음에 모실 때, 하나님이 하시는 말씀이 깨달아지고, 행 할수 있는 힘이 생기며, 하나님의 놀라운 일하심의 역사가 나의 역사가 되어질 줄 믿습니다.

주님, 오늘 이 하루도 우리의 마음을 잘 지켜내어 하루하루 승리할 수 있도록 성령님 도와주옵소서. 우리에게 성령의 선물을 남겨 두시고 부활 승천하신 우리 주 예수 그리스도의 이름으로 간절히 기도합니다. 아멘!

【 시편 60편 】 그는 우리의 대적을 밟으실 이심이로다

다윗이 교훈하기 위하여 지은 믹담,
인도자를 따라 수산에듯에 맞춘 노래,
다윗이 아람 나하라임과 아람소바와 싸우는 중에 요압이 돌아와
에돔을 소금 골짜기에서 쳐서 만 이천 명을 죽인 때에

1 하나님이여 주께서 우리를 버려 흩으셨고 분노하셨사오나
 지금은 우리를 회복시키소서
2 주께서 땅을 진동시키사 갈라지게 하셨사오니
 그 틈을 기우소서 땅이 흔들림이니이다
3 주께서 주의 백성에게 어려움을 보이시고
 비틀거리게 하는 포도주를 우리에게 마시게 하셨나이다
4 주를 경외하는 자에게 깃발을 주시고
 진리를 위하여 달게 하셨나이다 (셀라)
5 주께서 사랑하시는 자를 건지시기 위하여
 주의 오른손으로 구원하시고 응답하소서
6 하나님이 그의 거룩하심으로 말씀하시되
 내가 뛰놀리라 내가 세겜을 나누며 숙곳 골짜기를 측량하리라
7 길르앗이 내 것이요 므낫세도 내 것이며
 에브라임은 내 머리의 투구요 유다는 나의 규이며
8 모압은 나의 목욕통이라 에돔에는 나의 신발을 던지리라
 블레셋아 나로 말미암아 외치라 하셨도다
9 누가 나를 이끌어 견고한 성에 들이며
 누가 나를 에돔에 인도할까

10 하나님이여 주께서 우리를 버리지 아니하셨나이까
　 하나님이여 주께서 우리 군대와 함께 나아가지 아니하시나이다
11 우리를 도와 대적을 치게 하소서 사람의 구원은 헛됨이니이다
12 우리가 하나님을 의지하고 용감하게 행하리니
　 그는 우리의 대적을 밟으실 이심이로다

✤ 묵상과 기도

우리를 회복시키소서
갈라져 있는 마음의 틈을 기우셔서
흔들림 없게 하소서

세상에서 비틀거리지 않게 하시고
새로운 포도주로 빚어 주시고
주의 오른손으로 구원하소서

하나님의 거룩한 말씀이
우리 안에 있어,
그곳이 하나님이 뛰노시는
거룩한 성전 되게 하소서

너는 내 것이요
너희도 내 것이며
나의 투구요, 나의 규이다
선포하시는 주님,

우리를 버리지 마소서
우리와 함께 나아가소서
우리를 도와주소서
사람의 구원은 헛되니이다

우리가 하나님을 의지하고
용감하게 행하며
진리의 깃발을 높이 들고
승전가를 힘차게 부르게 하소서

【 시편 61편 】 내 마음이 약해질 때에

다윗의 시, 인도자를 따라 현악에 맞춘 노래

1 하나님이여 나의 부르짖음을 들으시며 내 기도에 유의하소서
2 내 마음이 약해질 때에 땅 끝에서부터 주께 부르짖으오리니
　나보다 높은 바위에 나를 인도하소서
3 주는 나의 피난처시요 원수를 피하는 견고한 망대이심이니이다
4 내가 영원히 주의 장막에 머물며
　내가 주의 날개 아래로 피하리이다 (셀라)
5 주 하나님이여 주께서 나의 서원을 들으시고
　주의 이름을 경외하는 자가 얻을 기업을 내게 주셨나이다
6 주께서 왕에게 장수하게 하사
　그의 나이가 여러 대에 미치게 하시리이다
7 그가 영원히 하나님 앞에서 거주하리니
　인자와 진리를 예비하사 그를 보호하소서
8 그리하시면 내가 주의 이름을 영원히 찬양하며
　매일 나의 서원을 이행하리이다

✤ 묵상과 기도

다윗은 오늘도 하나님의 보호하심을 구하고 있습니다.

*히브리인들의 사고방식은 행위 중심이며, 구체적이고 통합적인 사고방식으로 공동체를 더 중요시하며, 오랜 기간 텍스트를 붙들고 씨름하려는 태도를 가지며, 분별력의 개발에 초점을 두고, 실질적인 삶의 문제를 지향한다고 합니다. 이와는 다르게 서양 사고와 삶의 방식은 관념적이고 추상적이며 공동체보다는 개인을 더 중요시하며, 바른 생각에 관심을 두며, 텍스트를 나 나름대로 해석하며 잠깐 읽고 빨리 단순한 답변을 얻으려고 하는 개념 지향적 방식이라고 합니다.

우리들이 이런 서양적 사고와 삶의 방식의 영향을 받으며, 정보 전달 중심으로 성경을 배우고 있다고 합니다. 결론적으로는 히브리인들은 성경을 암송의 방식으로, 서양의 방식은 성경을 분석적 방식으로 접근한다고 합니다. 서로 참 다른 방식인 것 같습니다.

*특히, 시편은 암송 되어졌다고 합니다. 말씀을 내 것으로 만들기에 가장 좋은 방법이 바로 암송입니다. 암송되어져 내 마음에 심기워진 말씀을 때마다 입으로 선포하며 기도하며 나아갈 때, 그것이 가장 큰 무기가 되고 힘이 되어짐을 믿습니다.

"하나님의 말씀은 살아 있고 활력이 있어 좌우에 날선 어떤 검보다도 예리하여 혼과 영과 및 관절과 골수를 찔러 쪼개기까지 하며 또 마음의 생각과 뜻을 판단하나니" 히 4:12

주님, 오늘도 살아있는 하나님의 말씀으로 우리를 보호하여 주시고, 주의 날개 그늘 아래에서 영혼의 쉼을 얻게 하시며, 말씀을 암송함으로 성령의 검을 소유하여 늘 승리하게 하옵소서. 우리의 피난처시요, 견고한 망대가 되시는 우리 주 예수 그리스도의 이름으로 간절히 기도합니다. 아멘!

【 시편 62편 】 나의 영혼이 잠잠히 하나님만 바람이여

다윗의 시, 인도자를 따라 여두둔의 법칙에 따라 부르는 노래

1 나의 영혼이 잠잠히 하나님만 바람이여
　나의 구원이 그에게서 나오는도다
2 오직 그만이 나의 반석이시요 나의 구원이시요
　나의 요새이시니 내가 크게 흔들리지 아니하리로다
3 넘어지는 담과 흔들리는 울타리 같이 사람을 죽이려고
　너희가 일제히 공격하기를 언제까지 하려느냐
4 그들이 그를 그의 높은 자리에서 떨어뜨리기만 꾀하고
　거짓을 즐겨 하니 입으로는 축복이요 속으로는 저주로다 (셀라)
5 나의 영혼아 잠잠히 하나님만 바라라
　무릇 나의 소망이 그로부터 나오는도다
6 오직 그만이 나의 반석이시요 나의 구원이시요
　나의 요새이시니 내가 흔들리지 아니하리로다
7 나의 구원과 영광이 하나님께 있음이여
　내 힘의 반석과 피난처도 하나님께 있도다
8 백성들아 시시로 그를 의지하고 그의 앞에 마음을 토하라
　하나님은 우리의 피난처시로다 (셀라)
9 아, 슬프도다 사람은 입김이며 인생도 속임수이니
　저울에 달면 그들은 입김보다 가벼우리로다
10 포악을 의지하지 말며 탈취한 것으로 허망하여지지 말며
　재물이 늘어도 거기에 마음을 두지 말지어다
11 하나님이 한두 번 하신 말씀을 내가 들었나니
　권능은 하나님께 속하였다 하셨도다
12 주여 인자함은 주께 속하였사오니
　주께서 각 사람이 행한 대로 갚으심이니이다

✢ **묵상과 기도**

다윗 시대에는 시편 62편을 어떻게 찬양하였을지 궁금합니다. 현대를 살아가는 우리에게도 '나의 영혼이 잠잠히 하나님만 바람이여'라는 찬양은 많은 사랑을 받고 있습니다. 고요하고 잔잔한 가사를 부르기만 하여도 우리의 마음과 영혼에 위로가 되기 때문입니다. 하지만 시편 62편의 상황은 고요하고 잠잠하지 않습니다.

"나의 영혼이 잠잠히 하나님만 바람이여 나의 구원이 그에게서 나오는도다 오직 그만이 나의 반석이시요 나의 구원이시요 나의 요새 이시니 내가 크게 흔들리지 아니하리로다" 시 62:1-2

"넘어지는 담과 흔들리는 울타리 같이 사람을 죽이려고 너희가 일제히 공격하기를 언제까지 하려느냐 그들이 그를 그의 높은 자리에서 떨어뜨리기만 꾀하고 거짓을 즐겨 하니 입으로는 축복이요 속으로는 저주로다" 시 62:3-4

다윗은 여러 부류의 사람들로부터 많은 고통을 받았습니다. 다윗을 죽이려고 마치 쥐를 잡듯이 덫을 놓고 울타리를 조여옵니다. 하지만 다윗의 앞에서는 다윗을 축복합니다. 겉과 속이 전혀 다른 부류의 사람들입니다. 이런 상황 앞에서 다윗은 "나의 영혼이 잠잠히 하나님만 바람이여"를 찬양하고 있는 것입니다. 요동치는 자신의 마음을 하나님 앞에 가져와서 조용히 찬양하고 있습니다. 부르짖고 탄식하던 다윗의 평소와는 조금 다릅니다.

"아, 슬프도다 사람은 입김이며 인생도 속임수이니 저울에 달면 그들은 입김보다 가벼우리로다 포악을 의지하지 말며 탈취한 것으로 허망하여지지 말며 재물이 늘어도 거기에 마음을 두지 말지어다" 시 62:9-10

마치 속임수 같은 인생입니다.

"너희는 인생을 의지하지 말라 그의 호흡은 코에 있나니 셈할 가치가 어디 있느냐" 사 2:22

주님, 어떠한 상황 가운데에서도 인생을 의지하지 말고, 구원의 하나님만 의지하고 바랬던 다윗처럼 우리의 영혼이 잠잠히 하나님만 바라보며, 우리의 소망을 오직 하나님께만 두게 하옵소서. 우리의 반석이요 피난처이신 우리 주 예수 그리스도의 이름으로 간절히 기도합니다. 아멘!

【 시편 63편 】 주의 인자하심이 생명보다 나으므로

다윗의 시, 유다 광야에 있을 때에

1 하나님이여 주는 나의 하나님이시라
   내가 간절히 주를 찾되 물이 없어 마르고 황폐한 땅에서
   내 영혼이 주를 갈망하며 내 육체가 주를 앙모하나이다
2 내가 주의 권능과 영광을 보기 위하여
   이와 같이 성소에서 주를 바라보았나이다
3 주의 인자하심이 생명보다 나으므로
   내 입술이 주를 찬양할 것이라
4 이러므로 나의 평생에 주를 송축하며
   주의 이름으로 말미암아 나의 손을 들리이다
5 골수와 기름진 것을 먹음과 같이 나의 영혼이 만족할 것이라
   나의 입이 기쁜 입술로 주를 찬송하되
6 내가 나의 침상에서 주를 기억하며
   새벽에 주의 말씀을 작은 소리로 읊조릴 때에 하오리니
7 주는 나의 도움이 되셨음이라
   내가 주의 날개 그늘에서 즐겁게 부르리이다
8 나의 영혼이 주를 가까이 따르니
   주의 오른손이 나를 붙드시거니와
9 나의 영혼을 찾아 멸하려 하는 그들은 땅 깊은 곳에 들어가며
10 칼의 세력에 넘겨져 승냥이의 먹이가 되리이다
11 왕은 하나님을 즐거워하리니 주께 맹세한 자마다 자랑할 것이나
   거짓말하는 자의 입은 막히리로다

❖ 묵상과 기도

우리가 마르고 황폐한 광야에 있을지라도
내 영혼은 주를 갈망하며
내 육체가 주를 사모합니다

우리가 고난 가운데 있을지라도
주의 인자하심이 생명보다 나으므로
내 입술이 주를 찬양하겠습니다

나의 평생에 주를 찬양하며
주의 이름으로 말미암아
나의 손을 높이 들겠습니다

새벽에 주의 말씀을 기억하며
주의 말씀을 작은 소리로 읊조리며 기도하겠습니다

나의 도움이 되신 주의 날개 그늘 아래에서
즐겁게 찬양하겠습니다

【 시편 64편 】 그러나 하나님이 그들을 쏘시리니

다윗의 시, 인도자를 따라 부르는 노래

1 하나님이여 내가 근심하는 소리를 들으시고
  원수의 두려움에서 나의 생명을 보존하소서
2 주는 악을 꾀하는 자들의 음모에서 나를 숨겨 주시고
  악을 행하는 자들의 소동에서 나를 감추어 주소서
3 그들이 칼같이 자기 혀를 연마하며 화살같이 독한 말로 겨누고
4 숨은 곳에서 온전한 자를 쏘며 갑자기 쏘고 두려워하지 아니하는도다
5 그들은 악한 목적으로 서로 격려하며
  남몰래 올무 놓기를 함께 의논하고 하는 말이 누가 우리를 보리요 하며
6 그들은 죄악을 꾸미며 이르기를 우리가 묘책을 찾았다 하나니
  각 사람의 속뜻과 마음이 깊도다
7 그러나 하나님이 그들을 쏘시리니
  그들이 갑자기 화살에 상하리로다
8 이러므로 그들이 엎드러지리니 그들의 혀가 그들을 해함이라
  그들을 보는 자가 다 머리를 흔들리로다
9 모든 사람이 두려워하여 하나님의 일을 선포하며
  그의 행하심을 깊이 생각하리로다
10 의인은 여호와로 말미암아 즐거워하며
  그에게 피하리니 마음이 정직한 자는 다 자랑하리로다

❖ 묵상과 기도

악한 자들은 음모를 잘 꾸밉니다. 그리고 악한 혀를 칼같이 갈고 화살 같은 독설을 준비하고, 숨어서 상대를 공격합니다. 아주 계획적입니다. 악한 일을 위해서도 이렇게나 연마하고 훈련을 하는 그들입니다. 거기에다가 하나 더 올가미도 준비해 놓고 있습니다. 세상도, 사단도 우리를 이렇게 공격하겠지요?

무방비하게 있다가는 그 공격을 이겨내기 힘들겠지요? 서바이벌 게임이 생각납니다. 양측 다 무장을 해야 하고 총을 들어야 동등한 게임이 시작됩니다. 악한 자들은 무장하고 우리에게 덤벼드는데, 우리는 무장도 안 하고 있으면 백전백패이겠지요.

우리의 무기는 무엇입니까? 1절 말씀처럼 하나님께 기도하는 것입니다. 무기를 가지고 계신 하나님께 기도하는 것입니다.

> "하나님이여 내가 근심하는 소리를 들으시고 원수의 두려움에서 나의 생명을 보존하소서" 시 64:1

그다음은 하나님 차례이십니다. 하나님이 갑자기 그들을 쏘십니다. 하나님의 방식은 우리의 방식과 다릅니다. 사람은 준비가 필요하지만, 하나님은 준비가 필요 없으신 분입니다. 그렇기에 원수를 이길수 있는 방법은 원수들을 쏘시는 하나님을 의지하는 것입니다.

> "그러나 하나님이 그들을 쏘시리니 그들이 갑자기 화살에 상하리로다"
> 시 64:7

그다음 우리의 할 일은 하나님의 일을 선포하며 그의 행하심을 깊이 묵상하며 즐거워하며 하나님께 피하는 것입니다. 그리고 하나님을 자랑하며 찬양하는 것입니다.

"모든 사람이 두려워하여 하나님의 일을 선포하며 그의 행하심을 깊이 생각하리로다 의인은 여호와로 말미암아 즐거워하며 그에게 피하리니 마음이 정직한 자는 다 자랑하리로다" 시 64:9-10

"너희 중에 고난 당하는 자가 있느냐 그는 기도할 것이요 즐거워하는 자가 있느냐 그는 찬송할지니라" 약 5:13

주님, 우리가 말씀과 기도로 무장되어 영적 전쟁에서 승리하고, 또 올가미 같은 현실 가운데에서도 놓임 받고 참 자유함을 얻는 우리 모두 되게 하옵소서. 광야에 길을 사막에 강을 내시며 새 일을 행하시는 우리 주 예수 그리스도의 이름으로 간절히 기도합니다. 아멘!

【 시편 65편 】 초장은 양 떼로 옷 입었고 골짜기는 곡식으로 덮였으매

다윗의 시, 인도자를 따라 부르는 노래

1 하나님이여 찬송이 시온에서 주를 기다리오며
  사람이 서원을 주께 이행하리이다
2 기도를 들으시는 주여 모든 육체가 주께 나아오리이다
3 죄악이 나를 이겼사오니 우리의 허물을 주께서 사하시리이다
4 주께서 택하시고 가까이 오게 하사
  주의 뜰에 살게 하신 사람은 복이 있나이다
  우리가 주의 집 곧 주의 성전의 아름다움으로 만족하리이다
5 우리 구원의 하나님이시여
  땅의 모든 끝과 먼 바다에 있는 자가 의지할 주께서
  의를 따라 엄위하신 일로 우리에게 응답하시리이다
6 주는 주의 힘으로 산을 세우시며 권능으로 띠를 띠시며
7 바다의 설렘과 물결의 흔들림과 만민의 소요까지 진정하시나이다
8 땅 끝에 사는 자가 주의 징조를 두려워하나이다
  주께서 아침 되는 것과 저녁 되는 것을 즐거워하게 하시며
9 땅을 돌보사 물을 대어 심히 윤택하게 하시며
  하나님의 강에 물이 가득하게 하시고
  이같이 땅을 예비하신 후에 그들에게 곡식을 주시나이다
10 주께서 밭고랑에 물을 넉넉히 대사
   그 이랑을 평평하게 하시며 또 단비로 부드럽게 하시고
   그 싹에 복을 주시나이다

11 주의 은택으로 한 해를 관 씌우시니
　주의 길에는 기름 방울이 떨어지며
12 들의 초장에도 떨어지니 작은 산들이 기쁨으로 띠를 띠었나이다
13 초장은 양 떼로 옷 입었고 골짜기는 곡식으로 덮였으매
　그들이 다 즐거이 외치고 또 노래하나이다

❖ 묵상과 기도

하늘과 땅의 창조주 하나님을 찬양합니다.
산과 바다를 지으신 하나님을 찬양합니다.
새와 물고기, 나무와 꽃을 지으신 하나님을 찬양합니다.
세상을 봄과 여름, 가을과 겨울 계절마다 다른 빛깔로 물들이시고,
아침과 저녁, 빛과 어둠의 그 다름이 짝이 되어,
평화로운 조화를 이루게 하시며,
모든 것들이 하나님의 말씀대로, 하나님이 보시기에 좋았던
그 원형의 모습대로 섭리에 순종하고 일하게 하신
창조주 하나님을 찬양합니다.

"주님께서 큰 복을 내리시어,
 한 해를 이렇듯 영광스럽게 꾸미시니,
 주님께서 지나시는 자취마다, 기름이 뚝뚝 떨어집니다.
 그 기름이 광야의 목장에도 여울져 흐르고, 언덕들도 즐거워합니다.
 목장마다 양 떼로 뒤덮이고, 골짜기마다 오곡이 가득하니,
 기쁨의 함성이 터져나오고, 즐거운 노랫소리 그치지 않습니다."
새번역 시 65:11-13

주님, 하나님을 찬양하는 우리 모두에게 큰 복을 내리시어, 한 해를 영광스럽게 꾸미시고, 그리스도의 향기와 성령의 기름 부음이 넘쳐나는 우리 모두 되게 하옵소서. 복의 근원이요 기쁨의 원천 되시는 우리 주 예수 그리스도의 이름으로 간절히 기도합니다. 아멘!

【 시편 66편 】 하나님이 바다를 변하여 육지가 되게 하셨으므로

시, 인도자를 따라 부르는 노래

1 온 땅이여 하나님께 즐거운 소리를 낼지어다
2 그의 이름의 영광을 찬양하고 영화롭게 찬송할지어다
3 하나님께 아뢰기를 주의 일이 어찌 그리 엄위하신지요
　주의 큰 권능으로 말미암아 주의 원수가 주께 복종할 것이며
4 온 땅이 주께 경배하고 주를 노래하며
　주의 이름을 노래하리이다 할지어다 (셀라)
5 와서 하나님께서 행하신 것을 보라
　사람의 아들들에게 행하심이 엄위하시도다
6 하나님이 바다를 변하여 육지가 되게 하셨으므로
　무리가 걸어서 강을 건너고 우리가 거기서 주로 말미암아 기뻐하였도다
7 그가 그의 능력으로 영원히 다스리시며
　그의 눈으로 나라들을 살피시나니
　거역하는 자들은 교만하지 말지어다 (셀라)
8 만민들아 우리 하나님을 송축하며
　그의 찬양 소리를 들리게 할지어다
9 그는 우리 영혼을 살려 두시고
　우리의 실족함을 허락하지 아니하시는 주시로다
10 하나님이여 주께서 우리를 시험하시되
　　우리를 단련하시기를 은을 단련함 같이 하셨으며
11 우리를 끌어 그물에 걸리게 하시며
　　어려운 짐을 우리 허리에 매어 두셨으며

12 사람들이 우리 머리를 타고 가게 하셨나이다
　우리가 불과 물을 통과하였더니
　주께서 우리를 끌어내사 풍부한 곳에 들이셨나이다
13 내가 번제물을 가지고 주의 집에 들어가서
　나의 서원을 주께 갚으리니
14 이는 내 입술이 낸 것이요
　내 환난 때에 내 입이 말한 것이니이다
15 내가 숫양의 향기와 함께 살진 것으로
　주께 번제를 드리며 수소와 염소를 드리리이다 (셀라)
16 하나님을 두려워하는 너희들아 다 와서 들으라
　하나님이 나의 영혼을 위하여 행하신 일을 내가 선포하리로다
17 내가 나의 입으로 그에게 부르짖으며
　나의 혀로 높이 찬송하였도다
18 내가 나의 마음에 죄악을 품었더라면 주께서 듣지 아니하시리라
19 그러나 하나님이 실로 들으셨음이여
　내 기도 소리에 귀를 기울이셨도다
20 하나님을 찬송하리로다 그가 내 기도를 물리치지 아니하시고
　그의 인자하심을 내게서 거두지도 아니하셨도다

✥ **묵상과 기도**

온 땅은 하나님께 즐거운 소리를 냅니다. 자연의 섭리대로, 하나님의 섭리대로! 그 안에 살고 있는 인생들은 어떤 소리를 내고 살아가고 있을까요? 하나님이 바다를 육지로 바꾸셨을 때, 우리가 그 앞에 있었다면 어떤 소리를 냈을까요?

오늘 시편 기자는 "만민들아 우리 하나님을 송축하며 그의 찬양 소리를 들리게 할지어다. 그는 우리 영혼을 살려 두시고 우리의 실족함을 허락하지 아니하시는 주시로다" 시 66:8-9 선포합니다.

우리를 죽음의 홍해 앞에서 구원의 홍해로 바꿔 주시는 현장감 있는 은혜가 우리 안에 다시 살아나길 기도합니다. 우리는 때때로 너무나 중요한 순간을 잊을 때가 많습니다. 하나님께서는 우리가 그것을 잊을 때마다 '그 때를 기억하라'고 하십니다. 하나님을 만난 그 때를, 저마다 간직하고 있는 하나님의 구원의 때, 그 만남의 순간을 다시금 되새겨 보시고, 그 순간의 그 감격을 오늘 다시 누려보시길 바랍니다. 그리고 하나님께서 듣고 싶어 하시는 나만의 소리로 조용히 하나님께 고백해 보시길 바랍니다.

주님, 우리의 실족함을 허락하지 않으시고, 시험이 올지라도 우리를 은과 같이 단련하여 끌어내어 주셔서, 주의 풍성한 곳으로 인도하시는 주님의 은혜를 맛보며 찬양하게 하옵소서. 주께서 허락하신 아름다운 숫양의 향기와 살진 것으로 주께 번제를 드리기를 원하며 우리 주 예수 그리스도의 이름으로 간절히 기도합니다. 아멘!

【 시편 67편 】 땅의 모든 끝이 하나님을 경외하리로다

시 곧 노래, 인도자를 따라 현악에 맞춘 것

1 하나님은 우리에게 은혜를 베푸사 복을 주시고
　그의 얼굴 빛을 우리에게 비추사 (셀라)
2 주의 도를 땅 위에, 주의 구원을 모든 나라에게 알리소서
3 하나님이여 민족들이 주를 찬송하게 하시며
　모든 민족들이 주를 찬송하게 하소서
4 온 백성은 기쁘고 즐겁게 노래할지니
　주는 민족들을 공평히 심판하시며
　땅 위의 나라들을 다스리실 것임이니이다 (셀라)
5 하나님이여 민족들이 주를 찬송하게 하시며
　모든 민족으로 주를 찬송하게 하소서
6 땅이 그의 소산을 내어 주었으니
　하나님 곧 우리 하나님이 우리에게 복을 주시리로다
7 하나님이 우리에게 복을 주시리니
　땅의 모든 끝이 하나님을 경외하리로다

✣ 묵상과 기도

"여호와는 네게 복을 주시고 너를 지키시기를 원하며
여호와는 그의 얼굴을 네게 비추사 은혜 베푸시기를 원하며
여호와는 그 얼굴을 네게로 향하여 드사 평강 주시기를 원하노라"
민 6:24-26

민수기 말씀은 여호와께서 모세에게 말씀하신 내용으로, 아론과 그 아들들 곧 제사장들에게 이스라엘 자손을 위하여 이렇게 축복하라고 가르쳐 주신 내용입니다. 제사장들의 축복 기도문입니다. 축복의 기도도 상세히 알려주시는 세심하고 친절하신 하나님이십니다.

"그들은 이같이 내 이름으로 이스라엘 자손에게 축복할지니 내가 그들에게 복을 주리라" 민 6:27

시편 기자는 그 민수기 말씀을 인용하여, 이 시의 첫 행을 시작합니다. 주의 종으로부터 받은 약속의 말씀, 축복의 말씀이 있습니까? 그 말씀을 가슴에 간직하십시오. 하나님께서 복을 주리라 약속하셨습니다.

"모든 성경은 하나님의 감동으로 된 것으로 교훈과 책망과 바르게 함과 의로 교육하기에 유익하니 이는 하나님의 사람으로 온전하게 하며 모든 선한 일을 행할 능력을 갖추게 하려 함이라" 딤후 3:16-17

우리는 하나님의 말씀을 가진 자입니다. 변하지 않는 진리를 가지고 있습니다. 세상이 알지도 못하고 소유할 수도 없는, 이 놀라운 말씀은 '감추인 보화'입니다. 그 보화는 발견한 자만이 알고 누릴 수 있습니다. 또한, 우리가 진리의 말씀을 붙잡을 때, 하나님의 일하심을 경험할 수 있습니다. 하나님의 말씀은 지금도 살아서 움직이고 있으며, 예수님께서 우리에게 보내주신 성령님을 통해서 이 모든 것을 이루어 가게 하시고, 깨닫게 하십니다. 성령의 도움을 구하십시오.

"이와 같이 성령도 우리의 연약함을 도우시나니 우리는 마땅히 기도할 바를 알지 못하나 오직 성령이 말할 수 없는 탄식으로 우리를 위하여 친히 간구하시느니라 마음을 살피시는 이가 성령의 생각을 아시나니 이는 성령이 하나님의 뜻대로 성도를 위하여 간구하심이니라 우리가 알거니와 하나님을 사랑하는 자 곧 그의 뜻대로 부르심을 입은 자들에게는 모든 것이 합력하여 선을 이루느니라"
롬 8:26-28

"하나님이 우리에게 복을 주시리니 땅의 모든 끝이 하나님을 경외하리로다" 시 67:7

성부 하나님, 성자 예수님, 성령 하나님, 삼위일체 하나님을 찬양합니다. 게으르고 연약한 우리의 허물을 사하여 주시고, 말씀을 우리에게 선물로 주셔서, 이 모든 것을 깨닫게 하신 하나님께 감사하며, 합력하여 선을 이루시는 삼위일체 하나님의 도우심을 간구하오니, 우리의 기도를 들어 주옵소서. 우리 주 예수 그리스도의 이름으로 간절히 기도합니다. 아멘!

【 시편 68편 】 하나님 앞에서 뛰놀며 기뻐하고 즐거워할지어다

다윗의 시, 인도자를 따라 부르는 노래

1 하나님이 일어나시니 원수들은 흩어지며
　주를 미워하는 자들은 주 앞에서 도망하리이다
2 연기가 불려 가듯이 그들을 몰아내소서 불 앞에서
　밀이 녹음 같이 악인이 하나님 앞에서 망하게 하소서
3 의인은 기뻐하여 하나님 앞에서 뛰놀며 기뻐하고 즐거워할지어다
4 하나님께 노래하며 그의 이름을 찬양하라
　하늘을 타고 광야에 행하시던 이를 위하여 대로를 수축하라
　그의 이름은 여호와이시니 그의 앞에서 뛰놀지어다
5 그의 거룩한 처소에 계신 하나님은
　고아의 아버지시며 과부의 재판장이시라
6 하나님이 고독한 자들은 가족과 함께 살게 하시며
　갇힌 자들은 이끌어 내사 형통하게 하시느니라
　오직 거역하는 자들의 거처는 메마른 땅이로다
7 하나님이여 주의 백성 앞에서 앞서 나가사
　광야에서 행진하였을 때에 (셀라)
8 땅이 진동하며 하늘이 하나님 앞에서 떨어지며
　저 시내 산도 하나님 곧 이스라엘의 하나님 앞에서 진동하였나이다
9 하나님이여 주께서 흡족한 비를 보내사
　주의 기업이 곤핍할 때에 주께서 그것을 견고하게 하셨고
10 주의 회중을 그 가운데에 살게 하셨나이다
　하나님이여 주께서 가난한 자를 위하여 주의 은택을 준비하셨나이다

11 주께서 말씀을 주시니 소식을 공포하는 여자들은 큰 무리라
12 여러 군대의 왕들이 도망하고 도망하니
 집에 있던 여자들도 탈취물을 나누도다
13 너희가 양 우리에 누울 때에는 그 날개를 은으로 입고
 그 깃을 황금으로 입힌 비둘기 같도다
14 전능하신 이가 왕들을 그 중에서 흩으실 때에는
 살몬에 눈이 날림 같도다
15 바산의 산은 하나님의 산임이여 바산의 산은 높은 산이로다
16 너희 높은 산들아 어찌하여 하나님이 계시려 하는 산을
 시기하여 보느냐 진실로 여호와께서 이 산에 영원히 계시리로다
17 하나님의 병거는 천천이요 만만이라
 주께서 그 중에 계심이 시내 산 성소에 계심 같도다
18 주께서 높은 곳으로 오르시며 사로잡은 자들을 취하시고
 선물들을 사람들에게서 받으시며 반역자들로부터도 받으시니
 여호와 하나님이 그들과 함께 계시기 때문이로다
19 날마다 우리 짐을 지시는 주 곧 우리의 구원이신
 하나님을 찬송할지로다 (셀라)
20 하나님은 우리에게 구원의 하나님이시라
 사망에서 벗어남은 주 여호와로 말미암거니와
21 그의 원수들의 머리 곧 죄를 짓고 다니는 자의
 정수리는 하나님이 쳐서 깨뜨리시리로다
22 주께서 말씀하시기를 내가 그들을 바산에서 돌아오게 하며
 바다 깊은 곳에서 도로 나오게 하고
23 네가 그들을 심히 치고 그들의 피에 네 발을 잠그게 하며
 네 집의 개의 혀로 네 원수들에게서 제 분깃을 얻게 하리라 하시도다

24 하나님이여 그들이 주께서 행차하심을 보았으니
곧 나의 하나님, 나의 왕이 성소로 행차하시는 것이라
25 소고 치는 처녀들 중에서 노래 부르는 자들은 앞서고
악기를 연주하는 자들은 뒤따르나이다
26 이스라엘의 근원에서 나온 너희여
대회 중에 하나님 곧 주를 송축할지어다
27 거기에는 그들을 주관하는 작은 베냐민과 유다의 고관과
그들의 무리와 스불론의 고관과 납달리의 고관이 있도다
28 네 하나님이 너의 힘을 명령하셨도다
하나님이여 우리를 위하여 행하신 것을 견고하게 하소서
29 예루살렘에 있는 주의 전을 위하여
왕들이 주께 예물을 드리리이다
30 갈밭의 들짐승과 수소의 무리와 만민의 송아지를 꾸짖으시고
은 조각을 발 아래에 밟으소서
그가 전쟁을 즐기는 백성을 흩으셨도다
31 고관들은 애굽에서 나오고 구스인은 하나님을 향하여
그 손을 신속히 들리로다
32 땅의 왕국들아 하나님께 노래하고 주께 찬송할지어다 (셀라)
33 옛적 하늘들의 하늘을 타신 자에게 찬송하라
주께서 그 소리를 내시니 웅장한 소리로다
34 너희는 하나님께 능력을 돌릴지어다
그의 위엄이 이스라엘 위에 있고 그의 능력이 구름 속에 있도다
35 하나님이여 위엄을 성소에서 나타내시나이다
이스라엘의 하나님은 그의 백성에게 힘과 능력을 주시나니
하나님을 찬송할지어다

❖ 묵상과 기도

하나님이 일어나시니
연기가 바람에 날리듯 악인들이 도망하고
의인은 하나님 앞에서 노래하며 기뻐 뛰노네

거룩한 처소에 계시는
고아의 아버지 과부의 재판장
흡족한 비로 천천 만만 병거로
은빛 날개와 황금 깃 비둘기같이 우리를 덮으시네

날마다 우리 짐을 지시는 구원자 하나님을 찬송하라
하늘들의 하늘을 타시고 웅장한 소리와 위엄으로
능력을 구름 속에 감추시고 성소에 나타내사

그의 백성에게 힘과 능력을 주시는
하나님을 찬송할지어다
오늘도 우리는 광야를 행진한다
앞서가시는 하나님 따라서

【 시편 69편 】 나는 가난하고 슬프오니

다윗의 시, 인도자를 따라 소산님에 맞춘 노래

1 하나님이여 나를 구원하소서
  물들이 내 영혼에까지 흘러 들어왔나이다
2 나는 설 곳이 없는 깊은 수렁에 빠지며
  깊은 물에 들어가니 큰 물이 내게 넘치나이다
3 내가 부르짖음으로 피곤하여 나의 목이 마르며
  나의 하나님을 바라서 나의 눈이 쇠하였나이다
4 까닭 없이 나를 미워하는 자가 나의 머리털보다 많고
  부당하게 나의 원수가 되어 나를 끊으려 하는 자가 강하였으니
  내가 빼앗지 아니한 것도 물어 주게 되었나이다
5 하나님이여 주는 나의 우매함을 아시오니
  나의 죄가 주 앞에서 숨김이 없나이다
6 주 만군의 여호와여 주를 바라는 자들이
  나를 인하여 수치를 당하게 하지 마옵소서
  이스라엘의 하나님이여 주를 찾는 자가 나로 말미암아
  욕을 당하게 하지 마옵소서
7 내가 주를 위하여 비방을 받았사오니 수치가 나의 얼굴에 덮였나이다
8 내가 나의 형제에게는 객이 되고 나의 어머니의 자녀에게는
  낯선 사람이 되었나이다
9 주의 집을 위하는 열성이 나를 삼키고
  주를 비방하는 비방이 내게 미쳤나이다
10 내가 곡하고 금식하였더니 그것이 도리어 나의 욕이 되었으며

11 내가 굵은 베로 내 옷을 삼았더니
　내가 그들의 말거리가 되었나이다
12 성문에 앉은 자가 나를 비난하며
　독주에 취한 무리가 나를 두고 노래하나이다
13 여호와여 나를 반기시는 때에 내가 주께 기도하오니
　하나님이여 많은 인자와 구원의 진리로 내게 응답하소서
14 나를 수렁에서 건지사 빠지지 말게 하시고
　나를 미워하는 자에게서와 깊은 물에서 건지소서
15 큰 물이 나를 휩쓸거나 깊음이 나를 삼키지 못하게 하시며
　웅덩이가 내 위에 덮쳐 그것의 입을 닫지 못하게 하소서
16 여호와여 주의 인자하심이 선하시오니
　내게 응답하시며 주의 많은 긍휼에 따라 내게로 돌이키소서
17 주의 얼굴을 주의 종에게서 숨기지 마소서
　내가 환난 중에 있사오니 속히 내게 응답하소서
18 내 영혼에게 가까이하사 구원하시며
　내 원수로 말미암아 나를 속량하소서
19 주께서 나의 비방과 수치와 능욕을 아시나이다
　나의 대적자들이 다 주님 앞에 있나이다
20 비방이 나의 마음을 상하게 하여 근심이 충만하니
　불쌍히 여길 자를 바라나 없고 긍휼히 여길 자를 바라나
　찾지 못하였나이다
21 그들이 쓸개를 나의 음식물로 주며
　목마를 때에는 초를 마시게 하였사오니
22 그들의 밥상이 올무가 되게 하시며
　그들의 평안이 덫이 되게 하소서
23 그들의 눈이 어두워 보지 못하게 하시며
　그들의 허리가 항상 떨리게 하소서

24 주의 분노를 그들의 위에 부으시며
　　주의 맹렬하신 노가 그들에게 미치게 하소서
25 그들의 거처가 황폐하게 하시며
　　그들의 장막에 사는 자가 없게 하소서
26 무릇 그들이 주께서 치신 자를 핍박하며
　　주께서 상하게 하신 자의 슬픔을 말하였사오니
27 그들의 죄악에 죄악을 더하사
　　주의 공의에 들어오지 못하게 하소서
28 그들을 생명책에서 지우사 의인들과 함께 기록되지 말게 하소서
29 오직 나는 가난하고 슬프오니
　　하나님이여 주의 구원으로 나를 높이소서
30 내가 노래로 하나님의 이름을 찬송하며 감사함으로
　　하나님을 위대하시다 하리니
31 이것이 소 곧 뿔과 굽이 있는 황소를 드림보다
　　여호와를 더욱 기쁘시게 함이 될 것이라
32 곤고한 자가 이를 보고 기뻐하나니
　　하나님을 찾는 너희들아 너희 마음을 소생하게 할지어다
33 여호와는 궁핍한 자의 소리를 들으시며
　　자기로 말미암아 갇힌 자를 멸시하지 아니하시나니
34 천지가 그를 찬송할 것이요
　　바다와 그 중의 모든 생물도 그리할지로다
35 하나님이 시온을 구원하시고 유다 성읍들을 건설하시리니
　　무리가 거기에 살며 소유를 삼으리로다
36 그의 종들의 후손이 또한 이를 상속하고
　　그의 이름을 사랑하는 자가 그중에 살리로다

✣ 묵상과 기도

깊은 수렁에 빠져있는 다윗은 하나님께 얼마나 부르짖었는지 피곤하며 목이 마르고 눈물로 그 눈이 쇠하여져 있습니다. 까닭 없는 고난과 부당함으로 손해배상까지 하여야 하는 상황입니다. 수렁에 빠진 자신을 건져달라고 애타게 기도합니다. 속히 응답하여 달라고 애원합니다. 세상의 비방이 마음을 상하게 하고, 근심이 충만하며, 불쌍히 여겨줄 사람은 한 사람도 없습니다 시 69:20

이런 최악의 상황이 우리에게 발생한다면, 여러분에게 도움의 손길을 뻗어줄 한사람이 있을까요? 나를 불쌍히 여기고 위로해 줄 그 한 사람이요.

우리의 뼛속까지 깊은 심연의 고통과 마음을 아시는 분은 오직 한 분 하나님밖에는 없습니다! 그리고 그 고통에서 건져내어 주실 분도 오직 하나님밖에 없습니다. 다윗의 고통이 어떠했는지를 가장 잘 아시는 분이 하나님이셨기에, 하나님께서 건져 주신 줄 믿습니다.

주님, 깊은 고통과 죄악에서 건짐받은 우리를 위하여, 우리 목전에서 모든 일을 행하시는 주님을 찬양하며, 하나님께 기쁨의 찬양을 올려드릴 때, 세상이 우리를 부러워하게 하시고, 곤고한 자들이 희망을 얻으며, 하나님을 찾는 모두의 마음이 소생하게 하옵소서. 구원의 그 이름 우리 주 예수 그리스도의 이름으로 간절히 기도합니다. 아멘!

【 시편 70편 】 여호와여 속히 나를 도우소서

다윗의 시로 기념식에서 인도자를 따라 부르는 노래

1 하나님이여 나를 건지소서 여호와여 속히 나를 도우소서
2 나의 영혼을 찾는 자들이 수치와 무안을 당하게 하시며
　나의 상함을 기뻐하는 자들이 뒤로 물러가 수모를 당하게 하소서
3 아하, 아하 하는 자들이
　자기 수치로 말미암아 뒤로 물러가게 하소서
4 주를 찾는 모든 자들이
　주로 말미암아 기뻐하고 즐거워하게 하시며
　주의 구원을 사랑하는 자들이 항상 말하기를
　하나님은 위대하시다 하게 하소서
5 나는 가난하고 궁핍하오니
　하나님이여 속히 내게 임하소서
　주는 나의 도움이시요 나를 건지시는 이시오니
　여호와여 지체하지 마소서

❖ 묵상과 기도

"하나님이여 나를 건지소서 여호와여 속히 나를 도우소서" 시 70:1

주를 찾는 우리 모두 위에 은혜를 베푸소서
우리가 주님으로 말미암아 기뻐하고 즐거워하게 하소서
주의 구원을 사랑하는 자들이
하나님의 위대하심을 늘 찬양하게 하소서

우리의 가난하고 궁핍한 영혼을 지켜주소서
우리의 연약한 마음과 몸 가운데 임하여 주소서
우리의 어려운 상황과 환경에 도움을 내려 주소서
우리를 가장 안전한 길로 인도하소서

우리 주 예수 그리스도의 이름으로 간절히 기도합니다. 아멘!

【 시편 71편 】 하나님이여 내가 늙어 백발이 될 때에도

1 여호와여 내가 주께 피하오니
　내가 영원히 수치를 당하게 하지 마소서
2 주의 의로 나를 건지시며 나를 풀어 주시며
　주의 귀를 내게 기울이사 나를 구원하소서
3 주는 내가 항상 피하여 숨을 바위가 되소서
　주께서 나를 구원하라 명령하셨으니
　이는 주께서 나의 반석이시요 나의 요새 이심이니이다
4 나의 하나님이여 나를 악인의 손
　곧 불의한 자와 흉악한 자의 장중에서 피하게 하소서
5 주 여호와여 주는 나의 소망이시요 내가 어릴 때부터 신뢰한 이시라
6 내가 모태에서부터 주를 의지하였으며
　나의 어머니의 배에서부터 주께서 나를 택하셨사오니
　나는 항상 주를 찬송하리이다
7 나는 무리에게 이상한 징조같이 되었사오나
　주는 나의 견고한 피난처시오니
8 주를 찬송함과 주께 영광 돌림이 종일토록 내 입에 가득하리이다
9 늙을 때에 나를 버리지 마시며 내 힘이 쇠약할 때에 나를 떠나지 마소서
10 내 원수들이 내게 대하여 말하며 내 영혼을 엿보는 자들이 서로 꾀하여
11 이르기를 하나님이 그를 버리셨은즉　따라 잡으라 건질 자가 없다 하오니
12 하나님이여 나를 멀리 하지 마소서 나의 하나님이여 속히 나를 도우소서
13 내 영혼을 대적하는 자들이 수치와 멸망을 당하게 하시며
　나를 모해하려 하는 자들에게는 욕과 수욕이 덮이게 하소서

14 나는 항상 소망을 품고 주를 더욱더욱 찬송하리이다
15 내가 측량할 수 없는 주의 공의와 구원을
　　내 입으로 종일 전하리이다
16 내가 주 여호와의 능하신 행적을 가지고 오겠사오며
　　주의 공의만 전하겠나이다
17 하나님이여 나를 어려서부터 교훈하셨으므로
　　내가 지금까지 주의 기이한 일들을 전하였나이다
18 하나님이여 내가 늙어 백발이 될 때에도 나를 버리지 마시며
　　내가 주의 힘을 후대에 전하고 주의 능력을
　　장래의 모든 사람에게 전하기까지 나를 버리지 마소서
19 하나님이여 주의 의가 또한 지극히 높으시니이다
　　하나님이여 주께서 큰 일을 행하셨사오니 누가 주와 같으리이까
20 우리에게 여러 가지 심한 고난을 보이신 주께서
　　우리를 다시 살리시며 땅 깊은 곳에서
　　다시 이끌어 올리시리이다
21 나를 더욱 창대하게 하시고 돌이키사 나를 위로하소서
22 나의 하나님이여 내가 또 비파로 주를 찬양하며
　　주의 성실을 찬양하리이다
　　이스라엘의 거룩하신 주여 내가 수금으로 주를 찬양하리이다
23 내가 주를 찬양할 때에 나의 입술이 기뻐 외치며
　　주께서 속량하신 내 영혼이 즐거워하리이다
24 나의 혀도 종일토록 주의 의를 작은 소리로 읊조리오리니
　　나를 모해하려 하던 자들이 수치와 무안을 당함이니이다

✜ **묵상과 기도**

모태에서부터 주를 의지하며, 어머니의 배에서부터 주께서 택하셨으며(6절) 많은 사람들이 비난하여도 주님만은 든든한 피난처가 되어 주셨다고 고백하는 시인의 고백이 절절함으로 다가옵니다.

"나는 많은 사람에게 비난의 표적이 되었으나, 주님만은 나의 든든한 피난처가 되어 주셨습니다." 새번역 시 71:7

늙고 병들어 아플때에도 떠나지 마시고 함께 하여 달라고 간구하며, 나는 항상 소망을 품고 주를 더욱더욱 찬송하겠다고 다짐합니다.

"하나님이여 내가 늙어 백발이 될 때에도 나를 버리지 마시며 내가 주의 힘을 후대에 전하고 주의 능력을 장래의 모든 사람에게 전하기까지 나를 버리지 마소서" 개역개정 시 71:18

기쁠 때나 슬플 때나, 건강할 때에도 아플 때에도 고통 가운데 있을 때에도 여전히 누군가를 위해 늘 한결같은 마음을 품는다는 것은 참 어려운 일입니다. 그 누군가보다 나 자신과 나의 처한 상황이 더 중요하기 때문입니다.

주님, 주님과 함께한 시간과 소중한 경험들이 많아져서, 늙어 백발이 될 때에도 나를 버리지 않으시는 하나님과 늘 동행하며, 주의 말씀을 전하게 하옵소서. 언제나 한결같으신 우리 주 예수 그리스도의 이름으로 간절히 기도합니다. 아멘!

【 시편 72편 】 해가 닳도록, 달이 닳도록, 영원무궁하도록

(※역본_새번역)

솔로몬의 시

1 하나님, 왕에게 주님의 판단력을 주시고
　왕의 아들에게 주님의 의를 내려 주셔서,
2 왕이 주님의 백성을 정의로 판결할 수 있게 하시고,
　주님의 불쌍한 백성을 공의로 판결할 수 있게 해주십시오.
3 왕이 의를 이루면 산들이 백성에게 평화를 안겨 주며,
　언덕들이 백성에게 정의를 가져다 줄 것입니다.
4 왕이 불쌍한 백성을 공정하게 판결하도록 해주시며,
　가난한 백성을 구하게 해주시며
　억압하는 자들을 꺾게 해주십시오.
5 해가 닳도록, 달이 닳도록, 영원무궁 하도록,
　그들이 왕을 두려워하게 해주십시오.
6 왕이 백성에게 풀밭에 내리는 비처럼,
　땅에 떨어지는 단비처럼 되게 해주십시오.
7 그가 다스리는 동안, 정의가 꽃을 피우게 해주시고,
　저 달이 다 닳도록 평화가 넘치게 해주십시오.
8 왕이 이 바다에서 저 바다에 이르기까지,
　이 강에서 저 땅 맨 끝에 이르기까지 모두 다스리게 해주십시오.
9 광야의 원주민도 그 앞에 무릎을 꿇게 해주시고,
　그의 원수들도 땅바닥의 먼지를 핥게 해주십시오.
10 스페인의 왕들과 섬나라의 왕들이 그에게 예물을 가져오게 해주시고,
　아라비아와 에티오피아의 왕들이 조공을 바치게 해주십시오.

11 모든 왕이 그 앞에 엎드리게 하시고,
　모든 백성이 그를 섬기게 해주십시오.
12 진실로 그는, 가난한 백성이 도와 달라고 부르짖을 때에 건져 주며,
　도울 사람 없는 불쌍한 백성을 건져 준다.
13 그는 힘없는 사람과 가난한 사람을 불쌍히 여기며,
　가난한 사람의 목숨을 건져 준다.
14 가난한 백성을 억압과 폭력에서 건져, 그 목숨을 살려 주며,
　그들의 피를 귀중하게 여긴다.
15 이러한 왕은 만수무강할 것이다.
　그는 아라비아의 황금도 예물로 받을 것이다.
　그를 위하여 드리는 기도가 그치지 않고,
　그를 위하여 비는 복이 늘 계속될 것이다.
16 땅에는 온갖 곡식이 가득하고,
　산등성이에서도 곡식이 풍성하며,
　온갖 과일이 레바논의 산림처럼 물결칠 것이다.
　그 백성은 풀처럼 성읍 곳곳에 차고 넘칠 것이다.
17 그의 이름 영원히 잊혀지지 않을 것이다.
　태양이 그 빛을 잃기까지 그의 명성이 사라지지 않을 것이다.
　뭇 민족이 그를 통해 복을 받고, 모든 민족이 그를 일컬어서,
　복 받은 사람이라 칭송할 것이다.
18 홀로 놀라운 일을 하시는 분, 이스라엘의 하나님,
　주 하나님을 찬양합니다.
19 영광스러운 그 이름을 영원토록 찬송합니다.
　그 영광을 온 땅에 가득 채워 주십시오. 아멘, 아멘.
20 이새의 아들 다윗의 기도가 여기에서 끝난다.

❖ 묵상과 기도

주님, 주의 판단력과 공의를 우리에게 내려 주소서. 주님이 주신 의로우심으로 말미암아 우리 주변이 평강을 누리게 하시고, 그들의 억울함을 풀어주며, 궁핍한 자들을 구원하여, 악한 자들이 우리를 두려워하게 하소서.

우리가 풀밭에 내리는 비처럼, 땅에 떨어지는 단비처럼 되게 하소서. 세상의 많은 사람들이 예물로, 부러움으로, 우리에게 엎드리게 하시고, 가난하고 불쌍하고 힘없는 사람들의 마음을 시원케 하며, 그들을 존귀하게 여기게 하소서.

풍성한 열매와 물질로 왕성하게 하시고, 우리의 이름이 해와 같이 영구하며, 사람들이 우리로 말미암아 복을 받게 하시고, 그들이 입을 모아 우리에게 '복되다' 말하게 하소서.

홀로 놀라운 일들을 행하시는 여호와 하나님을 찬송합니다. 그 영광스러운 이름을 영원히 찬양합니다. 그 영광을 온 땅 위에 가득 채워 주소서. 아멘, 아멘.

왕을 위한 기도, 다윗의 기도가 우리의 기도가 되게 하소서. 영원하신 우리 왕 우리 주 예수 그리스도의 이름으로 간절히 기도합니다. 아멘!

3권

Knowing me

은총의 흔적

【 시편 86편 】 은총의 표적

다윗의 기도

1 여호와여 나는 가난하고 궁핍하오니
　주의 귀를 기울여 내게 응답하소서
2 나는 경건하오니 내 영혼을 보존하소서
　내 주 하나님이여 주를 의지하는 종을 구원하소서
3 주여 내게 은혜를 베푸소서 내가 종일 주께 부르짖나이다
4 주여 내 영혼이 주를 우러러보오니
　주여 내 영혼을 기쁘게 하소서
5 주는 선하사 사죄하기를 즐거워하시며
　주께 부르짖는 자에게 인자함이 후하심이니이다
6 여호와여 나의 기도에 귀를 기울이시고
　내가 간구하는 소리를 들으소서
7 나의 환난 날에 내가 주께 부르짖으리니
　주께서 내게 응답하시리이다
8 주여 신들 중에 주와 같은 자 없사오며
　주의 행하심과 같은 일도 없나이다
9 주여 주께서 지으신 모든 민족이 와서 주의 앞에 경배하며
　주의 이름에 영광을 돌리리이다
10 무릇 주는 위대하사 기이한 일들을 행하시오니
　주만이 하나님이시니이다
11 여호와여 주의 도를 내게 가르치소서
　내가 주의 진리에 행하오리니
　일심으로 주의 이름을 경외하게 하소서

12 주 나의 하나님이여 내가 전심으로 주를 찬송하고
　　영원토록 주의 이름에 영광을 돌리오리니
13 이는 내게 향하신 주의 인자하심이 크사
　　내 영혼을 깊은 스올에서 건지셨음이니이다
14 하나님이여 교만한 자들이 일어나 나를 치고
　　포악한 자의 무리가 내 영혼을 찾았사오며
　　자기 앞에 주를 두지 아니하였나이다
15 그러나 주여 주는 긍휼히 여기시며
　　은혜를 베푸시며 노하기를 더디하시며
　　인자와 진실이 풍성하신 하나님이시오니
16 내게로 돌이키사 내게 은혜를 베푸소서
　　주의 종에게 힘을 주시고 주의 여종의 아들을 구원하소서
17 은총의 표적을 내게 보이소서
　　그러면 나를 미워하는 그들이 보고 부끄러워하오리니
　　여호와여 주는 나를 돕고 위로 하시는 이시니이다

✝ 묵상과 기도

"여호와여 나는 가난하고 궁핍하오니 주의 귀를 기울여 내게 응답하소서" 시 86:1

물질이 가난하고 궁핍한가요?
시절이 가난하고 궁핍한가요?
마음이 가난하고 궁핍한가요?
영혼이 가난하고 궁핍한가요?
이 모두가 다 가난하고 궁핍한가요?

우리가 가난하고 궁핍하다고 느끼는 것들에 대하여, 하나님께서는 어떤 해답을 주실까요? 우리가 습관처럼 하는 기도들에 대하여, 또 하나님은 어떤 반응, 어떤 생각, 어떤 표정이실까요?

이제 다윗의 탄식의 기도 여정에 마침표가 찍히는 시점에 다다랐습니다. 그동안 우리는 다윗의 수많은 눈물과 탄식과 고통과 신음들이 찍혀 있는 발자국들을 따라 함께 수천 년 전 다윗의 시간 속으로 여행을 다녀왔습니다.

어찌 보면 처절한 시간들이었습니다. 다윗의 영광보다는 다윗의 고난이 주제입니다. 눈물이 끊이지 않습니다. 한마디로 인생의 연약함을 바라봄으로 나를 알고, 연약한 인생이 붙들 수 있는 가장 큰 해답이 바로 하나님이심을 깨닫게 하는 순간이었습니다.

"주여 내 영혼이 주를 우러러보오니 주여 내 영혼을 기쁘게 하소서"
시 86:4

"여호와여 주의 도를 내게 가르치소서 내가 주의 진리에 행하오리니 일심으로 주의 이름을 경외하게 하소서" 시 86:11

"주 나의 하나님이여 내가 전심으로 주를 찬송하고 영원토록 주의 이름에 영광을 돌리오리니" 시 86:12

"이는 내게 향하신 주의 인자하심이 크사 내 영혼을 깊은 스올에서 건지셨음이니이다" 시 86:13

위의 네 구절이 이 시의 결론이고 바로 은총의 표적입니다.

주님, 다윗에게 보이셨던 은총의 표적을 우리에게도 보이소서. 우리의 고난의 흔적들이 다윗처럼 기쁨으로 승화되어 지고, 고난의 표적이 은총의 표적이었음을 고백하며 찬양하게 하소서. 우리를 긍휼히 여기시며, 은혜를 베푸시며, 노하기를 더디하시며, 인자와 진실이 풍성하신, 우리 주 예수 그리스도의 이름으로 간절히 기도합니다. 아멘!

4권
Knowing God

내 속에 있는 것들아
다 그의 거룩한 이름을
송축하라

【 시편 101편 】 주의 사랑과 정의   (※역본_쉬운성경)

다스림의 약속, 다윗의 노래

1 여호와여, 내가 주의 사랑과 정의를 노래합니다.
  내가 주께 찬양을 드리겠습니다.
2 내가 흠 없는 삶을 살도록 하겠습니다.
  주님은 언제쯤 내게 오시렵니까?
  내가 티없이 깨끗한 마음으로 내 집 안에서 살겠습니다.
3 악한 것은 그 무엇이라도 거들떠보지 않겠습니다.
  주를 따르지 않는 자들을 싫어하며
  그런 사람들과는 어울리지 않을 것입니다.
4 삐뚤어진 마음을 내게서 버리겠습니다.
  악한 일과는 아무런 상관없이 살겠습니다.
5 자기 이웃을 몰래 헐뜯는 자들을 내가 잠잠케 하겠습니다.
  거만한 눈과 교만한 마음을 가진 자들을
  내가 가만두지 않을 것입니다.
6 이 땅에서 신실한 사람을 찾아 나와 함께 살게 할 것입니다.
  깨끗한 길로 걸어가는 사람이 나를 받들게 할 것입니다.
7 속이는 사람들은 그 누구도 내 집에서 살지 못할 것입니다.
  거짓말하는 사람들도 내 앞에 서지 못할 것입니다.
8 매일 아침마다 이 땅에 사는 악한 자들의 입을 다물게
  만들 것이며, 악한 일을 행하는 사람들을 여호와의 성에서
  없애버릴 것입니다.

✚ 묵상과 기도

시편 101편의 쉬운성경 표제는 '다스림에 대한 약속' 요즘 말로 비유하자면 대통령의 공약 같은 것이겠지요?

다윗왕의 공약, 핵심과제는 아래와 같습니다.

1. 개인적인 영역의 약속
   1) 주의 사랑과 정의를 찬양하기
   2) 흠 없고 티 없이 깨끗한 마음으로 살기
   3) 악한 것 거들떠보지 않기
   4) 주를 따르지 않는 자 싫어하고, 어울리지 않기
   5) 삐뚤어진 마음 버리기
   6) 악한 일과는 담쌓기

2. 공적인 영역의 약속
   1) 자기 이웃을 몰래 헐뜯는 자들 조용히 시키기
   2) 거만한 눈, 교만한 마음 가진 자들 혼내기
   3) 신실한 사람 찾아 함께 살기
   4) 깨끗한 길로 걸어가는 사람 보좌관으로 임명하기
   5) 속이고 거짓말하는 사람 아웃 시키기
   6) 악한 자들 입단속 시키기, 악한 일 하는 자들 없애기

다윗의 이런 공약들이 어린아이 수준처럼 유치하다고 느끼시나요?

예수님께서는 이렇게 말씀하셨습니다.

"이르시되 진실로 너희에게 이르노니 너희가 돌이켜 어린 아이들과 같이 되지 아니하면 결단코 천국에 들어가지 못하리라" 개역개정 마 18:3

하나님께서 다윗을 사랑하신 가장 큰 이유가 바로 이것이 아닐까요? 순수한 마음과 행함 있는 믿음!

주님, 우리도 다윗처럼 살게 하소서. 다윗의 족보를 통해 이 땅에 성육신으로 오신 우리 주 예수 그리스도의 이름으로 간절히 기도합니다. 아멘!

【 시편 102편 】 나의 괴로운 날에

고난 당한 자가 마음이 상하여 그의 근심을
여호와 앞에 토로하는 기도

1 여호와여 내 기도를 들으시고
 나의 부르짖음을 주께 상달하게 하소서
2 나의 괴로운 날에 주의 얼굴을 내게서 숨기지 마소서
 주의 귀를 내게 기울이사 내가 부르짖는 날에 속히 내게 응답하소서
3 내 날이 연기 같이 소멸하며 내 뼈가 숯같이 탔음이니이다
4 내가 음식 먹기도 잊었으므로
 내 마음이 풀 같이 시들고 말라 버렸사오며
5 나의 탄식 소리로 말미암아 나의 살이 뼈에 붙었나이다
6 나는 광야의 올빼미 같고 황폐한 곳의 부엉이 같이 되었사오며
7 내가 밤을 새우니 지붕 위의 외로운 참새 같으니이다
8 내 원수들이 종일 나를 비방하며 내게 대항하여
 미칠 듯이 날뛰는 자들이 나를 가리켜 맹세하나이다
9 나는 재를 양식 같이 먹으며 나는 눈물 섞인 물을 마셨나이다
10 주의 분노와 진노로 말미암음이라 주께서 나를 들어서 던지셨나이다
11 내 날이 기울어지는 그림자 같고 내가 풀의 시들어짐 같으니이다
12 여호와여 주는 영원히 계시고 주에 대한 기억은 대대에 이르리이다
13 주께서 일어나사 시온을 긍휼히 여기시리니
 지금은 그에게 은혜를 베푸실 때라 정한 기한이 다가옴이니이다
14 주의 종들이 시온의 돌들을 즐거워하며 그의 티끌도 은혜를 받나이다
15 이에 뭇 나라가 여호와의 이름을 경외하며
 이 땅의 모든 왕들이 주의 영광을 경외하리니

16 여호와께서 시온을 건설하시고 그의 영광중에 나타나셨음이라
17 여호와께서 빈궁한 자의 기도를 돌아보시며
그들의 기도를 멸시하지 아니하셨도다
18 이 일이 장래 세대를 위하여 기록되리니
창조함을 받을 백성이 여호와를 찬양하리로다
19 여호와께서 그의 높은 성소에서 굽어보시며
하늘에서 땅을 살펴보셨으니
20 이는 갇힌 자의 탄식을 들으시며 죽이기로 정한 자를 해방하사
21 여호와의 이름을 시온에서,
그 영예를 예루살렘에서 선포하게 하려 하심이라
22 그 때에 민족들과 나라들이 함께 모여 여호와를 섬기리로다
23 그가 내 힘을 중도에 쇠약하게 하시며 내 날을 짧게 하셨도다
24 나의 말이 나의 하나님이여 나의 중년에 나를 데려가지 마옵소서
주의 연대는 대대에 무궁하니이다
25 주께서 옛적에 땅의 기초를 놓으셨사오며
하늘도 주의 손으로 지으신 바니이다
26 천지는 없어지려니와 주는 영존하시겠고
그것들은 다 옷 같이 낡으리니 의복 같이 바꾸시면 바뀌려니와
27 주는 한결 같으시고 주의 연대는 무궁하리이다
28 주의 종들의 자손은 항상 안전히 거주하고
그의 후손은 주 앞에 굳게 서리이다 하였도다

✚ **묵상과 기도**

시인은 나의 괴로운 날에 주의 얼굴을 숨기지 말아 달라고 부르짖고 있습니다. 그 부르짖음이 멋진 시가 되었습니다.

〈 나의 괴로운 날에 〉

내 날이 연기 같이 소멸된다
내 뼈가 숯 같이 타들어 간다
내 마음은 풀 같이 시들어 말라간다
내 탄식 소리가 내 살과 뼈를 태우는구나

나는 광야의 올빼미
황폐한 곳의 부엉이
지붕 위의 외로운 참새

미칠 듯 날뛰는 원수들의 비방 소리
시꺼먼 재와 눈물 섞인 물은
나의 양식

주의 분노와 진노가
나를 내동댕이치네
내 날은 기울어지는 그림자
풀의 시들어짐

여호와는 영원하신 분
여호와는 긍휼히 여기시는 분
시온의 돌들도 그의 티끌도
은혜를 받네

그의 이름은 경외, 영광, 찬양

우리의 짧은 인생
무궁하신 주의 연대
천지는 없어질지라도 영존하신 주
한결같으신 주

무궁하신 주 앞에 오늘도 거하는 나
나의 괴로운 날에

【 시편 103편 】 내 속에 있는 것들아 다 그의 거룩한 이름을 송축하라

다윗의 시

1 내 영혼아 여호와를 송축하라 내 속에 있는 것들아
   다 그의 거룩한 이름을 송축하라
2 내 영혼아 여호와를 송축하며 그의 모든 은택을 잊지 말지어다
3 그가 네 모든 죄악을 사하시며 네 모든 병을 고치시며
4 네 생명을 파멸에서 속량하시고 인자와 긍휼로 관을 씌우시며
5 좋은 것으로 네 소원을 만족하게 하사
   네 청춘을 독수리 같이 새롭게 하시는도다
6 여호와께서 공의로운 일을 행하시며
   억압 당하는 모든 자를 위하여 심판하시는도다
7 그의 행위를 모세에게,
   그의 행사를 이스라엘 자손에게 알리셨도다
8 여호와는 긍휼이 많으시고 은혜로우시며
   노하기를 더디 하시고 인자하심이 풍부하시도다
9 자주 경책하지 아니하시며 노를 영원히 품지 아니하시리로다
10 우리의 죄를 따라 우리를 처벌하지는 아니하시며
   우리의 죄악을 따라 우리에게 그대로 갚지는 아니하셨으니
11 이는 하늘이 땅에서 높음 같이 그를 경외하는 자에게
   그의 인자하심이 크심이로다
12 동이 서에서 먼 것 같이
   우리의 죄과를 우리에게서 멀리 옮기셨으며

13 아버지가 자식을 긍휼히 여김 같이
여호와께서는 자기를 경외하는 자를 긍휼히 여기시나니
14 이는 그가 우리의 체질을 아시며
우리가 단지 먼지뿐임을 기억하심이로다
15 인생은 그 날이 풀과 같으며 그 영화가 들의 꽃과 같도다
16 그것은 바람이 지나가면 없어지나니
그 있던 자리도 다시 알지 못하거니와
17 여호와의 인자하심은 자기를 경외하는 자에게
영원부터 영원까지 이르며 그의 의는 자손의 자손에게 이르리니
18 곧 그의 언약을 지키고
그의 법도를 기억하여 행하는 자에게로다
19 여호와께서 그의 보좌를 하늘에 세우시고
그의 왕권으로 만유를 다스리시도다
20 능력이 있어 여호와의 말씀을 행하며
그의 말씀의 소리를 듣는 여호와의 천사들이여
여호와를 송축하라
22 여호와의 지으심을 받고 그가 다스리시는 모든 곳에 있는
너희여 여호와를 송축하라 내 영혼아 여호와를 송축하라

✙ 묵상과 기도

    하나님께서 우리를 지으실 때, 나의 외모뿐 아니라, 감각적인 기능도 함께 지으셨습니다. 그런 보이지 않는 것들 속에 하나님의 형상과 이미지가 더욱 많이 숨어있습니다. 하나님께서 사람을 지으신 목적은 "이 백성은 내가 나를 위하여 지었나니 나를 찬송하게 하려 함이니라" 사 43:21 라고 말씀하셨습니다.

    모든 일에는 목적이 있습니다. 그리고 목적 안에는 '왜?'라는 이유가 있으며, 이후에는 결과가 따라다닙니다. 목적과 이유를 알아야 목적에 부합한 행동을 할 수 있습니다. 하나님께서 우리를 창조하신 목적은 그를 위하여 그를 찬송하게 하려 함이었습니다. 그렇기에 우리도 다윗처럼 우리의 모든 감각으로 하나님을 찬송해야 할 것입니다.

"내 영혼아
  여호와를 송축하라
  내 속에 있는 것들아
  다 그의 거룩한 이름을 송축하라
  내 영혼아 여호와를 송축하며
  그의 모든 은택을 잊지 말지어다" 시 103:1-2

5권
Knowing Community

*형제가
연합하여
동거함이*

【 시편 107편 】 동서남북 여호와의 속량을 받은 자들

제 오 권

1 여호와께 감사하라 그는 선하시며 그 인자하심이 영원함이로다
2 여호와의 속량을 받은 자들은 이같이 말할지어다
　여호와께서 대적의 손에서 그들을 속량하사
3 동서남북 각 지방에서부터 모으셨도다
4 그들이 광야 사막 길에서 방황하며 거주할 성읍을 찾지 못하고
5 주리고 목이 말라 그들의 영혼이 그들 안에서 피곤하였도다
6 이에 그들이 근심 중에 여호와께 부르짖으매
　그들의 고통에서 건지시고
7 또 바른길로 인도하사 거주할 성읍에 이르게 하셨도다
8 여호와의 인자하심과 인생에게 행하신 기적으로 말미암아
　그를 찬송할지로다
9 그가 사모하는 영혼에게 만족을 주시며
　주린 영혼에게 좋은 것으로 채워주심이로다
10 사람이 흑암과 사망의 그늘에 앉으며 곤고와 쇠사슬에 매임은
11 하나님의 말씀을 거역하며 지존자의 뜻을 멸시함이라
12 그러므로 그가 고통을 주어 그들의 마음을 겸손하게 하셨으니
　그들이 엎드러져도 돕는 자가 없었도다
13 이에 그들이 그 환난 중에 여호와께 부르짖으매
　그들의 고통에서 구원하시되
14 흑암과 사망의 그늘에서 인도하여 내시고
　그들의 얽어맨 줄을 끊으셨도다

15 여호와의 인자하심과 인생에게 행하신 기적으로 말미암아
그를 찬송할지로다
16 그가 놋문을 깨뜨리시며 쇠빗장을 꺾으셨음이로다
17 미련한 자들은 그들의 죄악의 길을 따르고
그들의 악을 범하기 때문에 고난을 받아
18 그들은 그들의 모든 음식물을 싫어하게 되어
사망의 문에 이르렀도다
19 이에 그들이 그들의 고통 때문에 여호와께 부르짖으매
그가 그들의 고통에서 그들을 구원하시되
20 그가 그의 말씀을 보내어 그들을 고치시고
위험한 지경에서 건지시는도다
21 여호와의 인자하심과 인생에게 행하신 기적으로 말미암아
그를 찬송할지로다
22 감사제를 드리며 노래하여 그가 행하신 일을 선포할지로다
23 배들을 바다에 띄우며 큰 물에서 일을 하는 자는
24 여호와께서 행하신 일들과 그의 기이한 일들을
깊은 바다에서 보나니
25 여호와께서 명령하신즉 광풍이 일어나 바다 물결을 일으키는도다
26 그들이 하늘로 솟구쳤다가 깊은 곳으로 내려가나니
그 위험 때문에 그들의 영혼이 녹는도다
27 그들이 이리저리 구르며 취한 자 같이 비틀거리니
그들의 모든 지각이 혼돈 속에 빠지는도다
28 이에 그들이 그들의 고통 때문에 여호와께 부르짖으매
그가 그들의 고통에서 그들을 인도하여 내시고
29 광풍을 고요하게 하사 물결도 잔잔하게 하시는도다

30 그들이 평온함으로 말미암아 기뻐하는 중에
　　여호와께서 그들이 바라는 항구로 인도하시는도다
31 여호와의 인자하심과 인생에게 행하신 기적으로 말미암아
　　그를 찬송할지로다
32 백성의 모임에서 그를 높이며 장로들의 자리에서
　　그를 찬송할지로다
33 여호와께서는 강이 변하여 광야가 되게 하시며
　　샘이 변하여 마른 땅이 되게 하시며
34 그 주민의 악으로 말미암아 옥토가 변하여 염전이 되게 하시며
35 또 광야가 변하여 못이 되게 하시며
　　마른 땅이 변하여 샘물이 되게 하시고
36 주린 자들로 거기에 살게 하사
　　그들이 거주할 성읍을 준비하게 하시고
37 밭에 파종하며 포도원을 재배하여 풍성한 소출을 거두게 하시며
38 또 복을 주사 그들이 크게 번성하게 하시고
　　그의 가축이 감소하지 아니하게 하실지라도
39 다시 압박과 재난과 우환을 통하여
　　그들의 수를 줄이시며 낮추시는도다
40 여호와께서 고관들에게는 능욕을 쏟아부으시고
　　길 없는 황야에서 유리하게 하시나
41 궁핍한 자는 그의 고통으로부터 건져주시고
　　그의 가족을 양 떼 같이 지켜 주시나니
42 정직한 자는 보고 기뻐하며
　　모든 사악한 자는 자기 입을 봉하리로다
43 지혜 있는 자들은 이러한 일들을 지켜보고
　　여호와의 인자하심을 깨달으리로다

† 묵상과 기도

동서남북으로부터 주님께 구원받은 사람들이 모입니다. 그리고 그들이 구원받았던 이야기보따리를 풀어놓습니다. 누구의 이야기가 가장 흥미진진할까요?

1조 간증입니다. (4절~9절)

그들이 광야 사막 길에서 방황하며 거주할 성읍을 찾지 못하고, 목이 말라 피곤할 때, 바른길로 인도하사 거주할 성읍에 도착한 사건입니다.
1조 대원들은 사모하는 영혼에게 만족을 주시며, 주린 영혼에게 좋은 것으로 채워 주신 하나님을 찬송합니다.

2조 간증입니다. (10절~22절)

흑암과 사망의 그늘에 앉으며 곤고와 쇠사슬에 매여 하나님의 말씀을 거역했던 무리들, 그들에게는 하나님이 고통을 주셨고 돕는 자가 한 명도 없었으나 결국 하나님이 구원해 주셨다고 고백합니다. 미련한 길, 죄악의 길을 따라 악을 범하였기 때문에 고난을 받았다고 고백합니다. 하나님의 구원 방법도 매우 구체적입니다. 말씀을 보내어 그들을 고치시고, 위험한 지경에서 건지셨다고 합니다.
2조 대원들은 감사제를 드리며 노래하고 그가 행하신 일을 선포하고 있습니다.

3조 간증입니다. (23절~32절)

　배들을 바다에 띄우며 큰 물에서 일을 하는 바다 사나이들은 깊은 바다에서 하나님의 구원을 경험했습니다. 광풍과 하늘로 솟구쳐대는 해일로 그들의 영혼은 녹아내리고, 배 위를 이리저리 구르며 취한 자 같이 비틀거리며, 감각이 마비가 되어 죽을 것 같습니다. 이때 여호와께 부르짖으니, 광풍을 고요하게 하시고, 물결도 잔잔하게 하셔서 평온함으로 그들이 바라는 항구로 인도함 받았다고 간증합니다.
　3조 대원들은 백성의 모임에서 그를 높이며 장로들의 자리에서 그를 찬송합니다.

4조 간증입니다. (33절~43절)

　여호와께서는 강이 변하여 광야가 되게 하시며 샘이 변하여 마른 땅이 되게 하시며, 악한 자의 옥토가 변하여 염전이 되게 하십니다. 그러나 다시 광야를 못이 되게 하시고, 마른 땅이 변하여 샘물이 되게도 하셔서, 주린 자들이 거하게 하심으로 풍성한 소출을 거두게 하십니다.
그렇나 또다시 압박과 재난과 우환을 보내셔서 그들을 낮추시기도 하신다고 합니다. 고관들에게 능욕을 주시고, 궁핍한 자의 가족을 양 떼 같이 지켜주십니다. 4조의 정직한 자는 이를 보고 기뻐하며, 사악한 자는 자기 입을 봉해버립니다. 지혜 있는 자들은 이러한 일들을 지켜보고 여호와의 인자하심을 깨닫습니다.

　1조, 2조, 3조, 4조 대원들은 모두 한목소리로 이렇게 외칩니다.

　"여호와께 감사하라 그는 선하시며 그 인자하심이 영원함이로다"
　　　시 107:1

【 시편 108편 】 우리가 하나님을 의지하고 용감히 행하리니

다윗의 찬송 시

1 하나님이여 내 마음을 정하였사오니 내가 노래하며
　나의 마음을 다하여 찬양하리로다
2 비파야, 수금아, 깰지어다 내가 새벽을 깨우리로다
3 여호와여 내가 만민 중에서 주께 감사하고
　뭇 나라 중에서 주를 찬양하오리니
4 주의 인자하심이 하늘보다 높으시며
　주의 진실은 궁창에까지 이르나이다
5 하나님이여 주는 하늘 위에 높이 들리시며
　주의 영광이 온 땅에서 높임 받으시기를 원하나이다
6 주께서 사랑하시는 자들을 건지시기 위하여
　우리에게 응답하사 오른손으로 구원하소서
7 하나님이 그의 성소에서 말씀하시되 내가 기뻐하리라
　내가 세겜을 나누며 숙곳 골짜기를 측량하리라
8 길르앗이 내 것이요 므낫세도 내 것이며
　에브라임은 내 머리의 투구요 유다는 나의 규이며
9 모압은 내 목욕통이라 에돔에는 내 신발을 벗어 던질지며
　블레셋 위에서 내가 외치리라 하셨도다
10 누가 나를 이끌어 견고한 성읍으로 인도해 들이며
　누가 나를 에돔으로 인도할꼬
11 하나님이여 주께서 우리를 버리지 아니하셨나이까
　하나님이여 주께서 우리의 군대들과 함께 나아가지 아니하시나이다

12 우리를 도와 대적을 치게 하소서
　　사람의 구원은 헛됨이니이다
13 우리가 하나님을 의지하고 용감히 행하리니
　　그는 우리의 대적을 밟으실 자심이로다

† 묵상과 기도

시편 108편의 새번역본의 표제는 "하나님이 우리와 함께 계시면"입니다.

이제 다윗의 관점은 개인을 넘어서 공동체로 나아갑니다. 비파와 수금을 들고 새벽부터 출근합니다. 어디로 출근하나요? 만민들 속으로, 열방 속으로 나아갑니다. 주를 찬양하기 위해서입니다.

찬양의 첫 소절입니다.

"주의 인자하심이 하늘보다 높으시며 주의 진실은 궁창에까지 이르나이다" 개역개정 시 108:4

"주께서 사랑하시는 자들을 건지시기 위하여 우리에게 응답하사 오른손으로 구원하소서" 개역개정 시 108:6

"우리를 도와 대적을 치게 하소서 사람의 구원은 헛됨이니이다 우리가 하나님을 의지하고 용감히 행하리니 그는 우리의 대적들을 밟으실 자이심이로다" 개역개정 시 108:12-13

하나님은 속이는 자 야곱의 이름을 이스라엘로 바꾸어 주셨습니다. 한 사람의 이름을 한 민족의 이름으로 바꾸어 주셨습니다. 하나님께서는 한 사람 야곱을 사랑하셨고, 한 민족 이스라엘 공동체를 사랑하셨습니다.

우리 각자도 사랑하시지만, 하나 되어 예배드리는 교회 공동체도 무척이나 사랑하십니다. 이제 우리의 관점도 '야곱'에서 '이스라엘'로 확장되어야 합니다. 왜냐하면 하나님께서 교회를 사랑하시기 때문입니다. 교회는 그리스도의 피와 살이며, 예수님이 교회의 머리 되시기 때문입니다.

주님, 우리가 자기중심적인 신앙의 모습을 버리고, 그리스도의 몸된 교회를 세워가는 아름다운 공동체가 되게 하시고, 그리스도 안에서 "서로 사랑하라" 개역개정 요 13:34 는 새 계명을 따르며, 율법의 완성을 이루어 가게 하소서. 율법의 완성이신 우리 주 예수 그리스도의 이름으로 간절히 기도합니다. 아멘!

【 시편 109편 】 나는 사랑하나 그들은 도리어 나를 대적하니

다윗의 시, 인도자를 따라 부르는 노래

1 내가 찬양하는 하나님이여 잠잠하지 마옵소서
2 그들이 악한 입과 거짓된 입을 열어
  나를 치며 속이는 혀로 내게 말하며
3 또 미워하는 말로 나를 두르고
  까닭 없이 나를 공격하였음이니이다
4 나는 사랑하나 그들은 도리어 나를 대적하니
  나는 기도할 뿐이라
5 그들이 악으로 나의 선을 갚으며
  미워함으로 나의 사랑을 갚았사오니
6 악인이 그를 다스리게 하시며
  사탄이 그의 오른쪽에 서게 하소서
7 그가 심판을 받을 때에 죄인이 되어 나오게 하시며
  그의 기도가 죄로 변하게 하시며
8 그의 연수를 짧게 하시며 그의 직분을 타인이 빼앗게 하시며
9 그의 자녀는 고아가 되고 그의 아내는 과부가 되며
10 그의 자녀들은 유리하며 구걸하고
   그들의 황폐한 집을 떠나 빌어먹게 하소서
11 고리대금하는 자가 그의 소유를 다 빼앗게 하시며
   그가 수고한 것을 낯선 사람이 탈취하게 하시며
12 그에게 인애를 베풀 자가 없게 하시며
   그의 고아에게 은혜를 베풀 자도 없게 하시며

13 그의 자손이 끊어지게 하시며
   후대에 그들의 이름이 지워지게 하소서
14 여호와는 그의 조상들의 죄악을 기억하시며
   그의 어머니의 죄를 지워 버리지 마시고
15 그 죄악을 항상 여호와 앞에 있게 하사
   그들의 기억을 땅에서 끊으소서
16 그가 인자를 베풀 일을 생각하지 아니하고
   가난하고 궁핍한 자와 마음이 상한 자를 핍박하여
   죽이려 하였기 때문이니이다
17 그가 저주하기를 좋아하더니
   그것이 자기에게 임하고 축복하기를 기뻐하지 아니하더니
   복이 그를 멀리 떠났으며
18 또 저주하기를 옷 입듯 하더니
   저주가 물 같이 그의 몸속으로 들어가며
   기름 같이 그의 **뼈** 속으로 들어갔나이다
19 저주가 그에게는 입는 옷 같고 항상 띠는 띠와 같게 하소서
20 이는 나의 대적들이 곧 내 영혼을 대적하여
   악담하는 자들이 여호와께 받는 보응이니이다
21 그러나 주 여호와여 주의 이름으로 말미암아
   나를 선대하소서 주의 인자하심이 선하시오니 나를 건지소서
22 나는 가난하고 궁핍하여 나의 중심이 상함이니이다
23 나는 석양 그림자 같이 지나가고 또 메뚜기 같이 불려 가오며
24 금식하므로 내 무릎이 흔들리고 내 육체는 수척하오며
25 나는 또 그들의 비방거리라
   그들이 나를 보면 머리를 흔드나이다

26 여호와 나의 하나님이여 나를 도우시며
　　주의 인자하심을 따라 나를 구원하소서
27 이것이 주의 손이 하신 일인 줄을 그들이 알게 하소서
　　주 여호와께서 이를 행하셨나이다
28 그들은 내게 저주하여도 주는 내게 복을 주소서
　　그들은 일어날 때에 수치를 당할지라도
　　주의 종은 즐거워하리이다
29 나의 대적들이 욕을 옷 입듯 하게 하시며
　　자기 수치를 겉옷 같이 입게 하소서
30 내가 입으로 여호와께 크게 감사하며
　　많은 사람 중에서 찬송하리니
31 그가 궁핍한 자의 오른쪽에 서사 그의 영혼을 심판하려
　　하는 자들에게서 구원하실 것임이로다

† 묵상과 기도

우리는 크고 작은 공동체에 속하여 있습니다. 작게는 가정 공동체, 크게는 교회 공동체, 지역 공동체, 나라 공동체 등이 있습니다. 또한 공동체에는 리더가 있으며, 리더가 잘못된 판단으로 그룹을 이끌게 되면 크고 작은 분열들이 끊이지 않으며 공동체가 몸살을 앓게 됩니다. 고통을 받게 됩니다.

오늘 다윗을 힘들게 했던 사람은 누구였을까요? "악한 입과 거짓된 입을 열어 나를 치며 속이는 혀로 또 미워하는 말로 까닭 없이 나를 공격"시 109:2:3 한다고 토로합니다.

"나는 사랑하나 그들은 도리어 나를 대적하니 나는 기도할 뿐이라" 시 109:4 나의 사랑을 악으로 갚는 자 있습니까? 다윗처럼 기도하십시오.

"악인이 그를 다스리게 하시며" (6절)
"그의 기도가 죄로 변하게 하시며" (7절)
"그의 연수를 짧게 하시며 그의 직분을 타인이 빼앗게 하시며" (8절)
"그의 자녀는 고아가 되고 그의 아내는 과부가 되며" (9절)
"그의 자녀들은 유리하며 구걸하고" (10절)
"고리대금하는 자가 그의 소유를 다 빼앗게 하시며" (11절)
"그의 자손이 끊어지게 하시며 후대에 그들의 이름이 지워지게 하소서" (13절)

살벌한 저주 기도문입니다. 저주의 이유도 명확합니다.

"그가 인자를 베풀 일을 생각하지 아니하고 가난하고 궁핍한 자와 마음이 상한 자를 핍박하여 죽이려 하였기 때문이니이다" (16절)

하나님께서 다윗의 기도를 들어주셔야 하는 절절한 사유도 빼놓지 않습니다.

"그러나 주 여호와여 주의 이름으로 말미암아 나를 선대하소서" (21절)
"나는 가난하고 궁핍하여 나의 중심이 상함이니이다" (22절)
"나는 석양 그림자 같이 지나가고 또 메뚜기 같이 불려 가오며" (23절)
"금식하므로 내 무릎이 흔들리고 내 육체는 수척하오며" (24절)
"난 또 그들의 비방거리라 그들이 나를 보면 머리를 흔드나이다" (25절)
"여호와 나의 하나님이여 나를 도우시며 주의 인자하심을 따라 나를 구원하소서" (26절)

주님, 나의 마음을 알아주지 않는 사람들 때문에 원망하며 힘들어하지 않고, 다윗처럼 솔직하게 하나님께 기도하게 하소서. 인자하심으로 우리의 기도를 들으시는 우리 주 예수 그리스도의 이름으로 기도합니다. 아멘!

【 시편 110편 】 주의 권능의 날에 주의 백성들이 거룩한 옷을 입고

다윗의 시

1 여호와께서 내 주에게 말씀하시기를
　내가 네 원수들로 네 발판이 되게 하기까지
　너는 내 오른쪽에 앉아 있으라 하셨도다
2 여호와께서 시온에서부터 주의 권능의 규를 내보내시리니
　주는 원수들 중에서 다스리소서
3 주의 권능의 날에 주의 백성이 거룩한 옷을 입고
　즐거이 헌신하니 새벽 이슬 같은 주의 청년들이 주께 나오는도다
4 여호와는 맹세하고 변하지 아니하시리라
　이르시기를 너는 멜기세덱의 서열을 따라 영원한 제사장이라 하셨도다
5 주의 오른쪽에 계신 주께서 그의 노하시는 날에
　왕들을 쳐서 깨뜨리실 것이라
6 뭇 나라를 심판하여 시체로 가득하게 하시고
　여러 나라의 머리를 쳐서 깨뜨리시며
7 길 가의 시냇물을 마시므로 그의 머리를 드시리로다

✝ 묵상과 기도

〈 주의 권능의 날에 〉

주의 권능의 날에
주의 백성이 거룩한 옷을 입고
즐거이 헌신하니
새벽 이슬 같은 주의 청년들이
주께 나오는도다

주의 권능의 날에
빛나고 깨끗한 옷을 입고
새 노래를 부르며
어린양의 순결한 신부가 되어
거룩한 성 새 예루살렘에 거하리라

【 시편 122편 】 여호와 우리 하나님의 집을 위하여

다윗의 시 곧 성전에 올라가는 노래

1 사람이 내게 말하기를 여호와의 집에 올라가자 할 때에
  내가 기뻐하였도다
2 예루살렘아 우리 발이 네 성문 안에 섰도다
3 예루살렘아 너는 잘 짜여진 성읍과 같이 건설되었도다
4 지파들 곧 여호와의 지파들이 여호와의 이름에 감사하려고
  이스라엘의 전례대로 그리로 올라가는도다
5 거기에 심판의 보좌를 두셨으니 곧 다윗의 집의 보좌로다
6 예루살렘을 위하여 평안을 구하라
  예루살렘을 사랑하는 자는 형통하리로다
7 네 성 안에는 평안이 있고 네 궁중에는 형통함이 있을지어다
8 내가 내 형제와 친구를 위하여 이제 말하리니
  네 가운데에 평안이 있을지어다
9 여호와 우리 하나님의 집을 위하여
  내가 너를 위하여 복을 구하리로다

† 묵상과 기도

하나님은 왕이십니다. 우리는 그의 백성입니다. 그의 백성 된 우리는 함께 하나님께 예배드리고, 함께 하나님을 높여드려야 합니다. 그것이 하나님께서 바라시는 예배의 모습입니다. 공동체의 모습입니다.

"여호와의 집에 올라가자 할 때에 내가 기뻐하였도다." 시 122:1

다윗과 이스라엘 백성들은 성전에 올라가며 이 노래를 부르고 있습니다. 인생의 순례 여정 가운데 하나님을 바라보며 함께 노래하며 예루살렘 성을 향해 함께 나아가고 있습니다.

구원은 개인 각자에게 주어지지만, 구원받은 개인은 예수 그리스도의 이름으로 하나 되어 한 몸을 이룹니다. 우리 속에 예수 그리스도의 피가 흐르게 되니, 우리는 한 몸이 되었고, 머리 되신 예수 그리스도의 각 지체로 교회를 이루게 되었습니다. 교회는 하나님을 예배하기 위해 지어졌습니다. 구원의 하나님을 찬양하고 그 은혜에 감사하며 하나님의 임재가 있는 곳입니다. 그곳에는 하나님의 평강이 있습니다. 형통함이 있습니다. 성도의 교제가 있습니다. 서로를 축복하고 사랑하며 함께 지어져 갑니다. 그의 이름을 위하여 우리는 하나가 됩니다. 교회가 됩니다.

"여호와 우리 하나님의 집을 위하여 내가 너를 위하여 복을 구하리로다" 시 122:9

【 시편 124편 】 여호와께서 우리 편에 계시지 아니하셨더라면

다윗의 시 곧 성전에 올라가는 노래

1 이스라엘은 이제 말하기를
 여호와께서 우리 편에 계시지 아니하셨더라면
 우리가 어떻게 하였으랴
2 사람들이 우리를 치러 일어날 때에
 여호와께서 우리 편에 계시지 아니하셨더라면
3 그 때에 그들의 노여움이 우리에게 맹렬하여
 우리를 산 채로 삼켰을 것이며
4 그 때에 물이 우리를 휩쓸며
 시내가 우리 영혼을 삼켰을 것이며
5 그 때에 넘치는 물이 우리 영혼을 삼켰을 것이라 할 것이로다
6 우리를 내주어 그들의 이에 씹히지 아니하게 하신
 여호와를 찬송할지로다
7 우리의 영혼이 사냥꾼의 올무에서 벗어난 새 같이 되었나니
 올무가 끊어지므로 우리가 벗어났도다
8 우리의 도움은 천지를 지으신 여호와의 이름에 있도다

† 묵상과 기도

성전에 올라가는 다윗은 그 때를 생각합니다. 어떤 때일까요? 하나님이 내 편이셨을 때, 우리 편이셨을 때 바로 그 때를 생각합니다.

"사람들이 우리를 치러 일어났을 그 때에" (2절)
"그들의 노여움이 우리를 산 채로 집어삼켰을 그 때에" (3절)
"물이 우리를 휩쓸어 갔을 그 때에" (4절)
"넘치는 물이 우리의 영혼을 삼켰을 그 때에" (5절)

그 때에 하나님께서는,

"그들의 이에 씹히지 아니하게 하셨습니다" (6절)
"새가 사냥꾼의 올무에서 벗어남같이 우리의 목숨을 구하셨습니다"
(7절)

이 모든 도움은 천지를 지으신 여호와의 이름 때문입니다. 지존하신 하나님께서 우리 편에 계셨기 때문입니다.

주님, 언제나 우리 편에 계신 하나님을 찬양합니다. 우리가 예배의 자리에 나아갈 때, 우리에게 베푸신 구원의 은혜를 늘 감사하며, 구원의 그 때를 늘 잊지 않게 하옵소서. 우리의 영혼을 구원하여 주신 우리 주 예수 그리스도의 이름으로 간절히 기도합니다. 아멘!

【 시편 131편 】 내 영혼이 젖뗀 아이와 같도다

다윗의 시 곧 성전에 올라가는 노래

1 여호와여 내 마음이 교만하지 아니하고
 내 눈이 오만하지 아니하오며
 내가 큰 일과 감당하지 못할 놀라운 일을
 하려고 힘쓰지 아니하나이다
2 실로 내가 내 영혼으로 고요하고 평온하게 하기를
 젖 뗀 아이가 그의 어머니 품에 있음 같게 하였나니
 내 영혼이 젖뗀 아이와 같도다
3 이스라엘아 지금부터 영원까지 여호와를 바랄지어다

✝ 묵상과 기도

다윗이 성전에 올라가면서 부르는 노래입니다.

그 첫 소절은 이렇게 시작됩니다. 내 마음이 교만하지 아니하고, 내 눈이 오만하지 아니하며, 내가 큰 일과 감당하지 못할 놀라운 일을 하려고 힘쓰지 아니하나이다. 우리가 지금 힘쓰고 있는 일은 무엇인가요? 힘써서 일하는 내 마음의 상태는 또한 어떤가요? 내가 하는 일이 나를 더 교만하게 만들고 있는 것은 아닌가요? 오만한 눈으로 남들을 판단하고 있는 것은 아닌가요? 주께서 기뻐하시는 일을 하고 있는 것인가요?

다윗은 알고 있습니다. 내가 큰일을 감당하려고 할 때, 또 놀라운 일을 하려고 힘쓸 때, 바로 내가 드러나게 된다는 사실을요. 그것이 나를 교만하게 하고 오만하게 만들기에 오히려 그런 일들을 하려고 힘쓰지 아니하겠다는 것입니다. 대신 다윗이 선택한 것은 고요하고 평온한 내면의 쉼입니다. 젖먹이처럼 포근한 엄마 품에 안겨서 아무런 두려움도 분주함도 없이 그저 안겨있는 평안함입니다. 말도 필요 없습니다. 불평이 무언지 알지 못합니다. 그냥 그것으로 족한 것입니다.

주님, 우리의 분주한 마음을 잠시 내려놓고 주님을 바라봅니다. 이 시간 나의 마음을 포근히 안아주시고 토닥여 주셔서 젖뗀 아이와 같은 평온한 안식을 누리게 하옵소서. 우리를 늘 따뜻하게 안아주시는 우리 주 예수 그리스도의 이름으로 간절히 기도합니다. 아멘!

【 시편 133편 】 형제가 연합하여 동거함이

다윗의 시 곧 성전에 올라가는 노래

1 보라 형제가 연합하여 동거함이 어찌 그리 선하고 아름다운고
2 머리에 있는 보배로운 기름이 수염 곧 아론의 수염에 흘러서
  그의 옷깃까지 내림 같고
3 헐몬의 이슬이 시온의 산들에 내림 같도다
  거기서 여호와께서 복을 명령하셨나니 곧 영생이로다

✝ 묵상과 기도

　하나님께서는 연합하여서 사람을 만드셨고, 그 사람들은 연합하여 형제를 만들었습니다. 공동체를 만들었습니다. 연합 안에는 같음이 있고, 다름이 있고, 궁극적으로는 같음과 다름이 하나 되어서 새로운 창조를 이루어 나갑니다. 이것이 하나 됨의 신비입니다.

　삼위일체 하나님으로부터 흘러나오는 연합이란 완전함입니다. 그 완전함 안에는 선이 있습니다. 아름다움이 있습니다. 그리고 선과 아름다움의 결정체는 바로 사랑입니다. '우리의 형상을 따라' '우리의 모양대로' '우리가 사람을 만들고' 하나님은 그의 모든 것을 담아 사랑으로 우리를 만드셨습니다. 이것이 바로 우리의 정체성이고 하나님과 우리의 관계성이며 본질입니다.

　하나님의 형상을 따라 그의 모양대로 창조된 우리에게는 중요한 것이 하나 있습니다. 하나님 안에 있는 보배로운 기름이 우리에게 부어진 것입니다. 하나님을 닮은 모습으로 창조되었기에 하나님의 속성이 우리에게 부어진 것입니다. 부어진 기름은 자연스레 머리에서 옷깃을 따라 흘러내리며, 좋은 향기를 발합니다. 우리 안에 부어진 하나님의 보배로운 기름이 공동체로 또 세상으로 흘러들어 향기를 발하며 하나님의 선이 확장됩니다. 이런 선한 흐름은 아름다운 선순환 구조를 만들며 형제가 연합하여 동거하게 만듭니다. 그리고 함께 예배하기 위해 성전에 오릅니다.

헐몬산의 이슬이 시온산까지 흘러듭니다. 은혜의 종착역은 시온성입니다. 그곳에서 여호와께서 복을 명령하십니다. 하나님을 예배하는 모든 자들에게 복을 명령하십니다.

"영생하라"

주님, 형제가 사랑으로 연합하여 동거함으로 함께 예배하게 하시니 감사합니다. 보배로운 성령의 기름을 예배 가운데 충만하게 부으심으로, 성령 충만한 영생수의 축복이 가득하게 하옵소서. 영생을 선물로 주신 우리 주 예수 그리스도의 이름으로 간절히 기도합니다. 아멘!

【 시편 138편 】 내가 마음을 다해 주를 찬양할 것입니다

(※역본_쉬운성경)

감사의 찬양, 다윗의 시

1 여호와여, 내가 마음을 다해 주를 찬양할 것입니다.
  신들 앞에서 내가 주를 위해 찬양할 것입니다.
2 내가 주의 성전을 향해 엎드려 주의 이름을 찬양할 것입니다.
  주의 사랑과 신실하심에 대해 찬양할 것입니다.
  주는 세상의 모든 것들 위에 주의 이름과 말씀을 높이셨습니다.
3 내가 불렀을 때, 주는 내게 대답하셨습니다.
  주는 내게 힘을 주셔서 담대하게 하셨습니다.
4 여호와여, 이 땅의 모든 왕들이 주를 찬양하게 하십시오.
  그들이 주의 말씀을 들을 때에 찬송하게 하십시오.
5 그들이 여호와의 행하신 일들을 노래하게 하십시오.
  이는 여호와의 영광이 크시기 때문입니다.
6 여호와는 높이 계셔도 낮은 자들을 내려다보십니다.
  멀리서도 주는 거만한 자들을 알고 계십니다.
7 내가 어려움 중에 있어도 주는 나의 생명을 보호하십니다.
  주는 손을 내미시고 나의 원수들의 분노로부터
  나를 구해 내시며, 주의 오른손으로 나를 구원하십니다.
8 여호와는 나를 위해 주의 목적을 이루실 것입니다.
  여호와여, 주의 사랑은 영원합니다.
  주의 손으로 지으신 것을 버리지 마소서.

† 묵상과 기도

마음을 다해 찬양하고 계신가요? 성전을 향해 엎드려 찬양한 적이 있으신가요? 주의 사랑과 신실하심이 어떤 것인지 느껴본 적이 있으신가요? 세상의 모든 것들보다 주님의 이름이 내게 더 소중한가요? 하나님의 말씀을 내 삶에 몇 퍼센트나 적용하고 계신가요?

누군가로부터 위와 같은 진지한 질문을 받게 된다면 우리는 어떤 대답을 할 수 있을까요? 아마도 답을 하기 이전에 매우 당황스러울 것 같습니다. 우리가 세상을 살아가면서 흔하게 주고받는 질문이 아니기 때문입니다. 우리가 살아가는 세상에서는 이런 질문 보다는 요즘 무슨 노래가 핫한지, 어떤 드라마가 대세인지, 주인공 배우들의 이름과 유행하는 트렌드가 무엇인지에 더 많은 관심과 질문이 쏟아집니다. 한마디로 말하면 하나님과 관계된 질문 사항들은 우리의 주된 관심 분야가 아닌 것입니다.

그렇다면 교회 공동체 내에서는 어떠한지요? 마음을 다해 찬양하고 성전을 향해 주의 사랑과 신실하심을 찬양하는 분은 몇이나 될까요? 더욱이 세상 모든 것들 위에 주의 이름과 말씀을 최우선 순위에 두는 성도는 몇 명이나 될까요?

하나님께서 소돔을 멸하시기 전 아브라함과의 대화입니다.

"아브라함이 가까이 나아가 이르되 주께서 의인을 악인과 함께 멸하려 하시나이까? 의인 50명, 45명, 40명, 30명, 20명....

내가 10명으로 말미암아 멸하지 아니하리라" 창 18:23-32

　죄악이 관영했던 소돔이란 도시에 의인을 찾아보기 힘들었듯이, 현재를 살아가는 오늘도 별반 다르지 않습니다. 그럼에도 불구하고 하나님은 그 의인 한 명을 오늘도 찾고 계십니다. 현대판 다윗은 누구일까요? 다윗 시편을 묵상하면서 우리와 다윗의 가장 큰 차이점을 발견하게 됩니다. 그것은 바로 절실함입니다. 하나님을 향한 절실한 마음입니다.

　주님, 우리가 마음을 다해 주를 찬양하게 하시고, 하나님께서 찾으시는 절실한 믿음의 의인 한 명이 되게 하시며, 그런 나를 통하여 주의 목적을 이루어 주옵소서. 우리 주 예수 그리스도의 이름으로 간절히 기도합니다. 아멘!

【 시편 139편 】 여호와께서 나를 살펴보셨으므로

다윗의 시, 인도자를 따라 부르는 노래

1 여호와여 주께서 나를 살펴보셨으므로 나를 아시나이다
2 주께서 내가 앉고 일어섬을 아시고
　멀리서도 나의 생각을 밝히 아시오며
3 나의 모든 길과 내가 눕는 것을 살펴보셨으므로
　나의 모든 행위를 익히 아시오니
4 여호와여 내 혀의 말을 알지 못하시는 것이 하나도 없으시니이다
5 주께서 나의 앞뒤를 둘러싸시고 내게 안수하셨나이다
6 이 지식이 내게 너무 기이하니 높아서
　내가 능히 미치지 못하나이다
7 내가 주의 영을 떠나 어디로 가며 주의 앞에서 어디로 피하리이까
8 내가 하늘에 올라갈지라도 거기 계시며
　스올에 내 자리를 펼지라도 거기 계시니이다
9 내가 새벽 날개를 치며 바다 끝에 가서 거주할지라도
10 거기서도 주의 손이 나를 인도하시며
　주의 오른손이 나를 붙드시리이다
11 내가 혹시 말하기를 흑암이 반드시 나를 덮고
　나를 두른 빛은 밤이 되리라 할지라도
12 주에게서는 흑암이 숨기지 못하며 밤이 낮과 같이 비추이나니
　주에게는 흑암과 빛이 같음이니이다
13 주께서 내 내장을 지으시며 나의 모태에서 나를 만드셨나이다

14 내가 주께 감사하오심은 나를 지으심이 심히 기묘하심이라
　주께서 하시는 일이 기이함을 내 영혼이 잘 아나이다
15 내가 은밀한 데서 지음을 받고 땅의 깊은 곳에서
　기이하게 지음을 받을 때에 나의 형체가 주의 앞에
　숨겨지지 못하였나이다
16 내 형질이 이루어지기 전에 주의 눈이 보셨으며
　나를 위하여 정한 날이 하루도 되기 전에
　주의 책에 다 기록이 되었나이다
17 하나님이여 주의 생각이 내게 어찌 그리 보배로우신지요
　그 수가 어찌 그리 많은지요
18 내가 세려고 할지라도 그 수가 모래보다 많도소이다
　내가 깰 때에도 여전히 주와 함께 있나이다
19 하나님이여 주께서 반드시 악인을 죽이시리이다
　피 흘리기를 즐기는 자들아 나를 떠날지어다
20 그들이 주를 대하여 악하게 말하며 주의 원수들이
　주의 이름으로 헛되이 맹세하나이다
21 여호와여 내가 주를 미워하는 자들을 미워하지 아니하오며
　주를 치러 일어나는 자들을 미워하지 아니하나이까
22 내가 그들을 심히 미워하니 그들은 나의 원수들이니이다
23 하나님이여 나를 살피사 내 마음을 아시며
　나를 시험하사 내 뜻을 아옵소서
24 내게 무슨 악한 행위가 있나 보시고
　나를 영원한 길로 인도하소서

† 묵상과 기도

　여호와께서는 살펴보시는 것을 좋아하십니다. 내가 앉고 일어서는 것을 살피시고, 나의 생각을 살피시고, 나의 모든 길을 살피시고, 내가 눕는 것을 살피시고, 나의 모든 행위를 살피시고, 내 혀의 말을 살피십니다.

　일거수일투족(一擧手一投足)이란 고사성어가 있습니다. 손을 한 번 들고 발을 한 번 내디디는 행동을 뜻하며, 일상적으로 행해지는 사소한 행동 하나하나를 의미합니다. 누군가가 우리의 일거수일투족을 주의 깊게 살펴본다면 어떤 생각이 드시나요? 매우 불편함을 느끼시는 분들이 상당수이겠지요? 왜일까요?

　그와는 반대로 다윗은 나를 살피시는 분을 의식합니다.

　"나를 살펴보셨으므로 나를 아시나이다" 시 139:1 라고 당당히 고백합니다.

　하나님께서 다윗을 살펴보셨음의 결과가 무엇이었나요?

　"주께서 나의 앞뒤를 둘러싸시고 내게 안수하셨나이다 이 지식이 내게 너무 기이하니 높아서 내가 능히 미치지 못하나이다" 시 139:5-6

　다윗은 안수하시는 하나님을 직접 만났습니다.

하나님의 손길이 직접 그의 몸에 닿는 순간 하나님을 더욱 깊이 알게 되었고 깊은 깨달음이 찾아왔습니다. 그 깨달음 중 가장 중요한 것은 하나님의 일하심이 기이하고 매우 높아서 내가 능히 알지 못하며, 감히 측량할 수조차 없다는 것입니다. 하나님을 바라보다 보니 내가 보이는 것입니다. 스스로를 깨닫는 자각(自覺)입니다.

하나님을 알고, 나를 알게 되니 이제 다윗은 더 넓은 믿음의 영역으로 나아갑니다. 무소부재 하시고 전능하신 하나님의 임재를 버라이어티하게 소개하고 있습니다.

"하나님의 눈을 피해 높고 높은 하늘에 오른다 해도 하나님은 거기 계시며, 무덤에 자리를 펴고 누워도 거기 계시며, 깊은 새벽 망망한 바다 끝에 거주하여도, 깜깜한 어둠이 다윗을 감추어 보이지 않는다 해도 하나님의 눈은 다윗을 찾아내고 여전히 그를 살피고 있습니다. 하나님의 오른손이 그를 붙들고 계십니다. 다윗이 아무리 숨어보려고 해도 주의 영을 떠나서 갈 수 있는 곳은 단 한 곳도 없습니다" 시 139:7-10 왜냐하면 창조주의 손길이 미치지 않은 곳은 한 곳도 없기 때문입니다.

은밀한 곳에서 나를 만드실 때, 나의 형질이 생기기 전 이미 나의 모습을 계획하셨고, 내 내장을 지으셨으며, 내게 정해진 모든 날들을 주의 책 속에 이미 기록하셨습니다.

주님은 해와 달과 광대한 우주도 지으셨고, 우리의 내장과 형질을 은밀한 곳에서 지으셨습니다. 매크로 하시고도 마이크로 하신 하나님이십니다.

"하나님이여 주의 생각이 내게 어찌 그리 보배로우신지요 그 수가 어찌 그리 많은지요 내가 세려고 할지라도 그 수가 모래보다 많도소이다 내가 깰 때에도 여전히 주와 함께 있나이다" 시 139:17-18

"하나님이여 나를 살피사 내 마음을 아시오며 나를 시험하사 내 뜻을 아옵소서 내게 무슨 악한 행위가 있나 보시고 나를 영원한 길로 인도하소서" 시 139:23-24

주님, 나를 살피시고 나의 앞뒤를 둘러싸시고 안수하시는 하나님의 손길을 느끼길 원합니다. 다윗처럼 주께서 하시는 일이 기이함을 내 영혼이 인식하며 경험하게 하시고, 행위의 온전함으로 하나님께서 거하시는 영원한 길로 나를 인도하여 주옵소서. 우리를 지으신 우리 주 예수 그리스도의 이름으로 간절히 기도합니다. 아멘!

【 시편 140편 】 포악한 자에게서 나를 보전하소서

다윗의 시, 인도자를 따라 부르는 노래

1 여호와여 악인에게서 나를 건지시며
　포악한 자에게서 나를 보전하소서
2 그들이 마음속으로 악을 꾀하고 싸우기 위하여 매일 모이오며
3 뱀 같이 그 혀를 날카롭게 하니
　그 입술 아래에는 독사의 독이 있나이다 (셀라)
4 여호와여 나를 지키사 악인의 손에 빠지지 않게 하시며
　나를 보전하사 포악한 자에게서 벗어나게 하소서
　그들은 나의 걸음을 밀치려 하나이다
5 교만한 자가 나를 해하려고 올무와 줄을 놓으며
　길 곁에 그물을 치며 함정을 두었나이다 (셀라)
6 내가 여호와께 말하기를 주는 나의 하나님이시니
　여호와여 나의 간구하는 소리에 귀를 기울이소서 하였나이다
7 내 구원의 능력이신 주 여호와여 전쟁의 날에
　주께서 내 머리를 가려 주셨나이다
8 여호와여 악인의 소원을 허락하지 마시며
　그의 악한 꾀를 이루지 못하게 하소서
　그들이 스스로 높일까 하나이다 (셀라)
9 나를 에워싸는 자들이 그들의 머리를 들 때에
　그들의 입술의 재난이 그들을 덮게 하소서

10 뜨거운 숯불이 그들 위에 떨어지게 하시며
　　불 가운데와 깊은 웅덩이에 그들로 하여금 빠져
　　다시 일어나지 못하게 하소서
11 악담하는 자는 세상에서 굳게 서지 못하며
　　포악한 자는 재앙이 따라서 패망하게 하리이다
12 내가 알거니와 여호와는 고난 당하는 자를 변호해 주시며
　　궁핍한 자에게 정의를 베푸시리이다
13 진실로 의인들이 주의 이름에 감사하며
　　정직한 자들이 주의 앞에서 살리이다

✝ 묵상과 기도

여호와여 악인에게서 우리를 건지소서
뱀 같은 날카로운 혀와 입술 아래 감추인 독사의 독을 가진
포악한 자에게서 우리를 보전하소서

여호와여 나를 지키사 악인의 손에 빠지지 않게 하소서
교만한 자가 파 놓은 올무에 걸리지 않고
포악한 자에게서 벗어나게 하소서

여호와여 나의 간구에 귀를 기울이소서
구원의 능력이신 여호와여
악인의 소원을 허락하지 마소서

뜨거운 숯불을 그들 위에 부으시고
불과 깊은 웅덩이에서 빠져나오지 못하게 하시고
악담하는 자 포악한 자들은 패망하게 하소서

고난 당하는 자를 변호하시고
궁핍한 자에게는 정의를 베푸시며
의인들의 감사를 받으시고 정직한 자와 함께 하소서

【 시편 141편 】 그들의 진수성찬을 먹지 말게 하소서

다윗의 시

1 여호와여 내가 주를 불렀사오니 속히 내게 오시옵소서
　내가 주께 부르짖을 때에 내 음성에 귀를 기울이소서
2 나의 기도가 주의 앞에 분향함과 같이 되며
　나의 손 드는 것이 저녁 제사 같이 되게 하소서
3 여호와여 내 입에 파수꾼을 세우시고 내 입술의 문을 지키소서
4 내 마음이 악한 일에 기울어 죄악을 행하는 자들과 함께
　악을 행하지 말게 하시며 그들의 진수성찬을 먹지 말게 하소서
5 의인이 나를 칠지라도 은혜로 여기며 책망할지라도
　머리의 기름 같이 여겨서 내 머리가 이를 거절하지 아니할지라
　그들이 재난 중에도 내가 항상 기도하리로다
6 그들의 재판관들이 바위 곁에 내려 던져졌도다
　내 말이 달므로 무리가 들으리로다
7 사람이 밭 갈아 흙을 부스러뜨림 같이
　우리의 해골이 스올 입구에 흩어졌도다
8 주 여호와여 내 눈이 주께 향하며
　내가 주께 피하오니 내 영혼을 빈궁한 대로 버려 두지 마옵소서
9 나를 지키사 그들이 나를 잡으려고 놓은 올무와
　악을 행하는 자들의 함정에서 벗어나게 하옵소서
10 악인은 자기 그물에 걸리게 하시고 나만은 온전히 면하게 하소서

✝ 묵상과 기도

"여호와여 내 입에 파수꾼을 세우시고 내 입술의 문을 지키소서"
시141:3

"미련한 자라도 잠잠하면 지혜로운 자로 여겨지고 그의 입술을 닫으면 슬기로운 자로 여겨지느니라" 잠 17:28

사람들이 하는 말을 통해 우리는 그 사람의 마음과 생각과 성품을 알게 됩니다. 상대방이 하는 말을 조용히 경청하다 보면 이 사람이 지혜로운 사람인지, 어리석은 사람인지 말을 통해 알게 됩니다. 다윗은 오늘 자기의 입술에 파수꾼을 세워 입술의 문을 지켜달라고 기도하고 있습니다. 말의 중요성을 말하고 있습니다.

두 번째로는 사람의 행동을 보면 그 사람을 알 수 있습니다. 더욱이 그가 어울리는 주변의 친구들을 보면 그의 삶의 방향과 추구하는 그의 생활 방식을 알 수 있습니다. 다윗은 죄악을 행하는 자들과 어울려 악을 행하지 말게 해달라고 기도하고 있습니다. 아무리 진수성찬이라도 거부하겠다는 것입니다. 세상 유혹에 흔들리지 않겠다고 선포할 뿐 아니라 악한 자들을 고발하는 기도를 하며, 악이 심판받을 그때까지 싸울 것이라 말하고 있습니다. 그 길이 아무리 험해도 그의 영혼이 빈궁할지라도 주만 바라볼 것이며 주께만 피할 것이라 다짐합니다.

이제 다윗은 자신의 말과 악한 행동들을 늘 점검하며 악에 자신을 물들이지 않기 위해 기도로 더욱 무장합니다.

사람들이 나를 공격하고 책망하여도 또 재난 중에라도 해골처럼 초췌하고 스올 입구에 내버려진 것 같은 상황일지라도 항상 기도하겠다고 다짐합니다. 그리고 마지막으로 하나님께 공을 넘겨 드리고 있습니다.

"나를 지키사 그들이 나를 잡으려고 놓은 올무와 악을 행하는 자들의 함정에서 벗어나게 하옵소서 악인은 자기 그물에 걸리게 하시고 나만은 온전히 면하게 하소서" 시 141:9-10

주님, 우리가 말과 행동을 지키며, 세상과 악한 친구들이 진수성찬을 차려 우리를 유혹할지라도 타협하지 않으며, 죄의 자리에 앉지 않고 늘 온전하게 하옵소서. 우리 주 예수 그리스도의 이름으로 간절히 기도합니다. 아멘!

【 시편 142편 】 내가 이렇게 부르짖으니   (※역본_새번역)

다윗이 굴에 있을 때에 지은 마스길 곧 기도

1 나는 소리를 높여서 주님께 부르짖는다.
  나는 소리를 높여서 주님께 애원한다.
2 내 억울함을 주님께 호소하고, 내 고통을 주님께 아뢴다.
3 내 영혼이 연약할 때에 주님은 내 갈 길을 아십니다.
  사람들은 나를 잡으려고 내가 가는 길에 덫을 놓았습니다.
4 아무리 둘러보아도 나를 도울 사람이 없고,
  내가 피할 곳이 없고, 나를 지켜줄 사람이 없습니다.
5 주님, 내가 주님께 부르짖습니다.
  "주님은 나의 피난처, 사람 사는 세상에서 내가 받은 분깃은
  주님뿐"이라고 하였습니다.
6 나는 너무 비참하게 되었습니다. 내가 이렇게 부르짖으니,
  내게 귀를 기울여 주십시오. 나를 핍박하는 자들에게서,
  나를 건져 주십시오. 그들은 나보다 강합니다.
7 내 영혼을 감옥에서 끌어내 주셔서,
  주님의 이름을 찬양하게 해주십시오.
  주님께서 내게 넘치는 은혜를 베푸시니,
  의인들이 나를 감싸 줄 것입니다.

✝ 묵상과 기도

기도는 묵상기도와 통성기도 두 가지 방법이 있습니다. 묵상기도를 하다가 보면 저도 모르게 곁길로 빠지는 경우를 종종 경험하게 되는데, 많은 잡생각들이 떠올라 기도를 방해하기 때문입니다. 그러나 소리를 내어 기도하게 되면 이와는 조금 달라집니다. 소리를 내려면 생각을 해야 하기 때문입니다. 무엇을 기도해야 할지 생각을 해야 입술로 소리를 낼 수 있습니다. 또 입술로 소리를 내면 그 소리가 내 귀에 들려집니다. 귀로 들려진 소리는 마음속 깊은 곳으로 내려갑니다. 깊이 있는 묵상기도도 좋지만, 잡생각이 많아질 때는 소리 내어 기도하는 것이 훨씬 효과적입니다. 소리는 우리의 몸을 흔들어 깨우기 때문입니다.

다윗의 기도는 온몸으로 부르짖는 탄식의 기도가 대부분입니다. 절실함으로 부르짖는 외치는 기도입니다. 영혼을 다해 부르는 진실한 노래입니다. 무엇을 노래할까요? 상처받은 나의 심정을 노래합니다. 두려움과 외로움 속 고통을 노래합니다. 원수들의 핍박과 감옥과 같은 비참한 현실을 노래합니다.

다윗의 피난처는 오직 하나님께 기도하는 것과 찬양하는 것뿐이었습니다. 나의 영혼을 감옥에서 끌어내어 주실 분께 부르짖어 기도하고, 이 모든 환난을 벗어나게 해 주셔서 주님을 마음껏 찬양할 수 있도록 은혜를 베풀어 달라는 것이 시편 속 다윗의 기도 방법이었습니다.

주님, 우리의 영혼이 소리를 높여 주님을 부르게 하시고, 응답하실 하나님을 찬양하게 하소서. 우리의 영원한 피난처 되시는 우리 주 예수 그리스도의 이름으로 간절히 기도합니다. 아멘!

【 시편 143편 】 내가 옛날을 기억하고

다윗의 시

1 여호와여 내 기도를 들으시며 내 간구에 귀를 기울이시고
  주의 진실과 의로 내게 응답하소서
2 주의 종에게 심판을 행하지 마소서
  주의 눈 앞에는 의로운 인생이 하나도 없나이다
3 원수가 내 영혼을 핍박하며 내 생명을 땅에 엎어서
  나로 죽은 지 오랜 자 같이 나를 암흑 속에 두었나이다
4 그러므로 내 심령이 속에서 상하며
  내 마음이 내 속에서 참담하니이다
5 내가 옛날을 기억하고 주의 모든 행하신 것을 읊조리며
  주의 손이 행하는 일을 생각하고
6 주를 향하여 손을 펴고 내 영혼이 마른 땅 같이
  주를 사모하나이다 (셀라)
7 여호와여 속히 내게 응답하소서 내 영이 피곤하니이다
  주의 얼굴을 내게서 숨기지 마소서
  내가 무덤에 내려가는 자 같을까 두려워하나이다
8 아침에 나로 하여금 주의 인자한 말씀을 듣게 하소서
  내가 주를 의뢰함이니이다 내가 다닐 길을 알게 하소서
  내가 내 영혼을 주께 드림이니이다
9 여호와여 나를 내 원수들에게서 건지소서
  내가 주께 피하여 숨었나이다

10 주는 나의 하나님이시니 나를 가르쳐 주의 뜻을 행하게 하소서
　주의 영은 선하시니 나를 공평한 땅에 인도하소서
11 여호와여 주의 이름을 위하여 나를 살리시고
　주의 의로 내 영혼을 환난에서 끌어내소서
12 주의 인자하심으로 나의 원수들을 끊으시고
　내 영혼을 괴롭게 하는 자를 다 멸하소서
　나는 주의 종이니이다

✝ 묵상과 기도

지금 마음이 상하고 참담한 심정으로 힘들어하고 계신가요? 순간의 괴로움에 빠져 계시지 마시고, 옛날을 기억해 보세요. 과거에 주님께서 내가 생각하지 못했던 방식으로 나를 도와주셨던 그 일들을 떠올려 보세요. 그것이 고통을 이기는 다윗의 방법이었습니다.

> "내가 옛날을 기억하고 주의 모든 행하신 것을 읊조리며 주의 손이 행하는 일을 생각하고" 시 143:5

고통을 이기는 두 번째 방법은 주님을 향하여 손을 들고 간절히 기도하는 것입니다.

> "주를 향하여 손을 펴고 내 영혼이 마른 땅 같이 주를 사모하나이다"
> 시 143:6

그리고 세 번째 방법은 하나님의 말씀을 듣는 것입니다.

> "아침에 나로 하여금 주의 인자한 말씀을 듣게 하소서" 시 143:8

다윗도 우리도 이 방법을 익히 아는 바입니다. 그런데 그 결과는 다릅니다. 다윗은 승리하지만 우리는 넘어질 때가 많습니다. 가장 큰 이유가 무엇일까요? 그것은 바로 다윗은 행동하고 우리는 그렇지 않다는 것입니다. 하나님의 구원을 생각하지 않으며, 기도하지 않으며, 말씀을 읽지도 않습니다.

우리 손에 무기가 하나도 없는데 어떻게 승리할 수 있을까요? 우리는 이 점을 깊이 생각해 보아야 할 것입니다.

다윗의 기도 내용은 또 이렇습니다. 원수에게서 건져내 주시고, 나를 가르쳐 주셔서 주의 뜻을 행하게 하시고, 주의 의로움으로 내 영혼을 보호해 달라는 내용입니다. 우리도 이렇게 기도합니다. 하지만 우리가 평소 잘 하지 않는 기도 내용도 있습니다.

"여호와여 주의 이름을 위하여 나를 살리시고 주의 의로 내 영혼을 환난에서 끌어내소서" 시 143:11

우리는 우리를 위해 나를 도와주시고 살려달라는 기도를 하지만, 다윗은 주의 이름을 위하여 살려달라는 것입니다. 주님을 먼저 높입니다. 우리와 우선순위가 다릅니다. 사소하고 작은 것들이 모여 큰 차이를 만들고 그 결과는 분명하게 나누어짐을 깨닫게 됩니다.

주님, 하나님의 마음에 합한 자였던 다윗처럼 하나님의 일하심을 생각하고 기도하며 행동하게 하시고, 나를 통하여 주님의 이름이 높임을 받으소서. 자기 이름을 위하여 우리를 의의 길로 인도하시는 우리 주 예수 그리스도의 이름으로 기도합니다. 아멘!

【 시편 144편 】 여호와를 자기 하나님으로 삼는 백성은 복이 있도다

다윗의 시

1 나의 반석이신 여호와를 찬송하리로다
  그가 내 손을 가르쳐 싸우게 하시며
  손가락을 가르쳐 전쟁하게 하시는도다
2 여호와는 나의 사랑이시요 나의 요새이시요
  나의 산성이시요 나를 건지시는 이시요
  나의 방패이시니 내가 그에게 피하였고
  그가 내 백성을 내게 복종하게 하셨나이다
3 여호와여 사람이 무엇이기에 주께서 그를 알아 주시며
  인생이 무엇이기에 그를 생각하시나이까
4 사람은 헛것 같고 그의 날은 지나가는 그림자 같으니이다
5 여호와여 주의 하늘을 드리우고 강림하시며
  산들에 접촉하사 연기를 내게 하소서
6 번개를 번쩍이사 원수들을 흩으시며
  주의 화살을 쏘아 그들을 무찌르소서
7 위에서부터 주의 손을 펴사
  나를 큰 물과 이방인의 손에서 구하여 건지소서
8 그들의 입은 거짓을 말하며 그의 오른손은 거짓의 오른손이니이다
9 하나님이여 내가 주께 새 노래로 노래하며
  열 줄 비파로 주를 찬양하리이다
10 주는 왕들에게 구원을 베푸시는 자시요
   그의 종 다윗을 그 해하려는 칼에서 구하시는 자시니이다

11 이방인의 손에서 나를 구하여 건지소서
　그들의 입은 거짓을 말하며 그 오른손은 거짓의 오른손이니이다
12 우리 아들들은 어리다가 장성한 나무들과 같으며
　우리 딸들은 궁전의 양식대로 아름답게 다듬은 모퉁잇돌들과 같으며
13 우리의 곳간에는 백곡이 가득하며
　우리의 양은 들에서 천천과 만만으로 번성하며
14 우리 수소는 무겁게 실었으며
　또 우리를 침노하는 일이나 우리가 나아가 막는 일이 없으며
　우리 거리에는 슬피 부르짖음이 없을진대
15 이러한 백성은 복이 있나니
　여호와를 자기 하나님으로 삼는 백성은 복이 있도다

† 묵상과 기도

다윗은 이스라엘의 왕이고, 다윗의 왕은 하나님이십니다. 통치자가 섬기는 왕이 누구인지는 매우 중요한 일입니다. 그것이 나라와 백성에게 큰 영향을 주기 때문입니다. 새번역본에서는 시편 144편의 표제가 "국가를 위한 기도"입니다.

다윗은 왕으로서 수많은 전쟁을 치러야 했습니다. 나라를 지키기 위해 또 전쟁에서 승리하기 위해 다윗이 가장 힘쓴 부분은 무엇일까요? 그것은 하나님을 의지하며 하나님께 기도하는 것이었습니다. 그 승리의 비결을 다윗은 이렇게 고백합니다.

"나의 반석이신 여호와를 찬송하리로다 그가 내 손을 가르쳐 싸우게 하시며 손가락을 가르쳐 전쟁하게 하시는도다. 여호와는 나의 사랑이시요 나의 요새이시요 나의 산성이시요 나를 건지시는 이시요 나의 방패이시니 내가 그에게 피하였고 그가 내 백성을 내게 복종하게 하셨나이다. 여호와여 사람이 무엇이기에 주께서 그를 알아주시며 인생이 무엇이기에 그를 생각하시나이까" 시 144:1-3

그렇다면, 다윗은 하나님께 어떻게 적들을 물리쳐 달라고 기도했을까요?

"여호와여 주의 하늘을 드리우고 강림하시며 산들에 접촉하사 연기를 내게 하소서 번개를 번쩍이사 원수들을 흩으시며 주의 화살을 쏘아 그들을 무찌르소서 위에서부터 주의 손을 펴사 나를 큰 물과 이방인의 손에서 구하여 건지소서" 시 144:5-7

한 나라의 왕이 바로 서서 하나님을 경외하면 나라가 번성하며 백성들은 평안해지며 축복이 각 가정에 흐르기 시작합니다.

"우리 아들들은 어리다가 장성한 나무들과 같으며 우리 딸들은 궁전의 양식대로 아름답게 다듬은 모퉁잇돌들과 같으며 우리의 곳간에는 백곡이 가득하며 우리의 양은 들에서 천천과 만만으로 번성하며 우리 수소는 무겁게 실었으며 또 우리를 침노하는 일이나 우리가 나아가 막는 일이 없으며 우리 거리에는 슬피 부르짖음이 없을진대 이러한 백성은 복이 있나니" 시 144:12-14

위와 같은 축복들이 나에게 찾아오길 바라시나요? 모든 축복을 하나도 놓치고 싶지 않으신가요? 다윗처럼 승리하길 원하시나요? 그렇다면 우리가 해야 할 것은 단 한 가지입니다. 말씀대로 행동하고 기도하는 것입니다. 말씀을 우리에게 주신 분도 하나님이시고, 그 말씀을 이루시는 분도 하나님이시며, 기도하라고 하시는 분도 하나님이십니다. 하나님께서는 거짓말하지 않으시는 분입니다. 모든 만물의 통치자이십니다. 진정한 왕이십니다. 누구를 선택하시겠습니까?

"여호와를 자기 하나님으로 삼는 백성은 복이 있도다" 시 144:15

주님, 우리에게 영적 통찰력과 영적 분별력을 부어주셔서 여호와를 자기 하나님으로 삼는 백성 되게 하소서. 영원한 통치자 우리 주 예수 그리스도의 이름으로 간절히 기도합니다. 아멘!

【 시편 145편 】 왕이신 나의 하나님이여 내가 주를 높이고

다윗의 찬송시

1 왕이신 나의 하나님이여 내가 주를 높이고
  영원히 주의 이름을 송축하리이다
2 내가 날마다 주를 송축하며
  영원히 주의 이름을 송축하리이다
3 여호와는 위대하시니 크게 찬양할 것이라
  그의 위대하심을 측량하지 못하리로다
4 대대로 주께서 행하시는 일을 크게 찬양하며
  주의 능한 일을 선포하리로다
5 주의 존귀하고 영광스러운 위엄과 주의 기이한 일들을
  나는 작은 소리로 읊조리리이다
6 사람들은 주의 두려운 일의 권능을 말할 것이요
  나도 주의 위대하심을 선포하리이다
7 그들이 주의 크신 은혜를 기념하여 말하며
  주의 의를 노래하리이다
8 여호와는 은혜로우시며 긍휼이 많으시며
  노하기를 더디 하시며 인자하심이 크시도다
9 여호와께서는 모든 것을 선대하시며
  그 지으신 모든 것에 긍휼을 베푸시는도다
10 여호와여 주께서 지으신 모든 것들이 주께 감사하며
   주의 성도들이 주를 송축하리이다

11 그들이 주의 나라의 영광을 말하며 주의 업적을 일러서
12 주의 업적과 주의 나라의 위엄 있는 영광을
  인생들에게 알게 하리이다
13 주의 나라는 영원한 나라이니 주의 통치는 대대에 이르리이다
14 여호와께서는 모든 넘어지는 자들을 붙드시며
  비굴한 자들을 일으키시는도다
15 모든 사람의 눈이 주를 앙망하오니
  주는 때를 따라 그들에게 먹을 것을 주시며
16 손을 펴사 모든 생물의 소원을 만족하게 하시나이다
17 여호와께서는 그 모든 행위에 의로우시며
  그 모든 일에 은혜로우시도다
18 여호와께서는 자기에게 간구하는 모든 자
  곧 진실하게 간구하는 모든 자에게 가까이 하시는도다
19 그는 자기를 경외하는 자들의 소원을 이루시며
  또 그들의 부르짖음을 들으사 구원하시리로다
20 여호와께서 자기를 사랑하는 자들은 다 보호하시고
  악인들은 다 멸하시리로다
21 내 입이 여호와의 영예를 말하며
  모든 육체가 그의 거룩하신 이름을 영원히 송축할지로다

† 묵상과 기도

다윗은 하나님을 간절히 찾고 부르짖고 탄식했던 모든 순간들과 하나님께서 다윗을 만나 주시고 개입하셨던 모든 순간들을 글로 시로 음악으로 남겼습니다. 만약, 이 모든 순간들을 글로 남겨두지 않았다면 어땠을까요? 아마도 하나님과의 그 소중했던 시간들이 점점 사라지고 잊혀져 버렸을지 모릅니다. 우리의 기억력은 좋지 못합니다. 복잡하고 빠르게 변해가는 세상 속에서 어제 일도 기억나지 않을 때가 많습니다.

하나님께서 나를 찾아와 주신 그 때를 기억하고 계신가요? 죄가 죄인지도 모르며 세상에 취해 있을 때, 나를 정죄하지 않으시고 오히려 구원해 주셨던 그 순간을 잊고 계신 것은 아닌가요? 깊은 수렁에서 건져내어 주셨던 그 때는 또 어떤가요? 나의 기도보다 더욱 좋은 것으로 응답해 주셨던 그 기쁨의 순간을 기억하고 계신가요? 세상에서 볼 수 없는 찬란한 빛으로 나를 찾아와 주셨던 그 영광스러운 시간을 기억하고 계신가요?

다윗이 시를 썼던 가장 큰 이유는 하나님을 기억하기 위해서가 아니였을까요? 다윗은 가장 소중한 것을 남겼습니다. 수천 년이 지나도록 다윗의 하나님이 기억되어집니다. 다윗의 모든 시편이 시편 145편 안에 다 녹아져 있습니다. 이스라엘의 왕 다윗은 진정한 왕이신 하나님을 높이고 주의 이름을 영원히 송축하기 위해 이 시편들을 남겼습니다.

"왕이신 나의 하나님이여 내가 주를 높이고 영원히 주의 이름을 송축 하리이다. 내가 날마다 주를 송축하며 영원히 주의 이름을 송축 하리이다. 여호와는 위대하시니 크게 찬양할 것이라 그의 위대하심을 측량하지 못하리로다 대대로 주께서 행하시는 일을 크게 찬양하며 주의 능한 일을 선포하리로다" 시 145:1-4

이제, 다윗의 하나님이 나의 하나님이 될 차례입니다.

호흡이 있는 자마다 여호와를 찬양할지어다 할렐루야

시편 150:6

♪ 에필로그

다윗

양 한 마리도 소중히 여길 줄 아는
소년 목동 다윗

사울에게서 악령이 떠나게 했던
음악 치유자 소년 다윗

골리앗의 단창 앞에서 돌과 물매를 들며
전쟁은 여호와께 있음을 외쳤던
소년 용사 다윗

엔게디 광야 굴에서 뒤를 보는 사울을
칼로 죽이지 않은 남자 다윗

여호와의 언약궤 앞에서 모든 백성들과
힘을 다하여 춤추며 뛰노는 왕 다윗

인생의 순례자로 수많은 고난의 시간들
기쁨의 시간들을 하나님께 시로 고백했던
시인 다윗

밧세바 사건으로 밤새 눈물로
자신의 죄를 회개하였던 다윗

음악으로, 글로, 온몸으로, 마음으로
하나님을 깊이 사랑했던 다윗

그런 다윗을 하나님께서 어찌
사랑하지 않으실 수 있으실까요?

다윗처럼

초판 1쇄 발행 2025년 5월 30일
초판 2쇄 발행 2025년 11월 30일

지은이 백영덕
표지 이재병
디자인 김정기
펴낸곳 그레이스북
주소 서울특별시 서초구 강남대로37길 49 애서니움빌딩 4층 (서초동)
전화 070-4046-8801
팩스 02-584-8072
이메일 grace@gracebook.co.kr
홈페이지 www.gracebook.co.kr

출판등록 2024년 1월 18일 제 2024-000017 호
ISBN 979-11-986621-2-5 (03230)
책값은 뒤표지에 있습니다.

ⓒ 백영덕 2025
이 출판물은 저작권법에 의해 보호를 받는 저작물이므로 무단 전재와 무단 복제를 할 수 없습니다.

Gracebook은 Grace Company의 출판 브랜드입니다.